The Uprising

봉
기

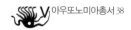
아우또노미아총서 38

봉기 The Uprising

지은이 프랑코 베라르디 [비포]
옮긴이 유충현

펴낸이 조정환
책임운영 신은주
편집부 오정민 · 김정연
프리뷰 서창현 · 이영란 · 김영철 · 조연화

펴낸곳 도서출판 갈무리 등록일 1994. 3. 3. 등록번호 제17-0161호
초판인쇄 2012년 12월 5일 초판발행 2012년 12월 12일
종이 화인페이퍼 인쇄 중앙피앤엘 제본 일진제책

주소 서울 마포구 서교동 375-13호 성지빌딩 101호
전화 02-325-1485 팩스 02-325-1407
website http://galmuri.co.kr e-mail galmuri@galmuri.co.kr

ISBN 978-89-6195-060-2 94300 / 978-89-6195-003-9 (세트)
도서분류 1. 사회과학 2. 경제학 3. 철학 4. 정치학 5. 사회학 6. 사회운동

값 13,000원

이 도서의 국립중앙도서관 출판시도서목록(CIP)은 e-CIP홈페이지(http://www.nl.go.kr/ecip)와 국가자료공동목록시스템(http://www.nl.go.kr/kolisnet)에서 이용하실 수 있습니다.(CIP제어번호 : CIP2012005630)

봉기

시와 금융에 관하여
On Poetry and Finance

프랑코 베라르디 [비포] 지음

유충현 옮김

일러두기

1. 이 책은 Franco Berardi [Bifo], *The Uprising*, semiotext(e), 2012를 완역한 것이다.
2. 이 책 본문에 달린 후주는 모두 옮긴이의 것이다.
3. 본문에 들어있는 [ ]안의 내용은 모두 옮긴이가 이해를 돕기 위해서 덧붙인 것이다.
4. 단행본, 전집, 정기간행물에는 겹낫표(『 』)를, 논문, 논설, 기고문 등에는 홑낫표(「 」)를, 단체명, 행사명,
   영상, 전시, 공연물, 법률, 조약 및 협약에는 가랑이표(〈 〉)를 사용하였다.
5. 인명, 도서명 등은 필요한 경우 한 번만 원어를 병기하였다.

한국어판 저자 서문

지난 몇 년 간 유럽과 일반적으로 세계에서 일어나고 있는 일은 불안을 조성하고 있다. 금융 시스템의 붕괴에 뒤이어 약탈적 지배 계급은 ─ 금융업자, 마피아 그리고 부패한 정치인들로 이루어진 ─ 민주주의의 최종적 파괴를 위한 호기好期로써, 그리고 사회적 연대와 노동자들의 정치적 권리를 박살내기 위해서, 위급함과 확산일로에 있는 공황恐慌을 이용하고 있다.

실업과 사회적 불안정이 계속 증가 추세에 있다. 잔혹한 경쟁과 두려움이 연대의 조건들을 파괴하면서 사회적 직물 안에서 퍼져가고 있다. 부에 대한 엄청난 징발이 진행 중이다. 사회적 삶의 곤궁함 때문에 손톱만큼 작은 금융 계급의 손아귀에서 자본의 축적이 가능해진다. 어둠의 시대가 다가오고 있다. 금융 자본주의가 (두 세기 동안의 사회적 투쟁과 진보가 창출한) 사회적 문명과 벌이는 전쟁의 결과들을 무시하기란 어려워 보인다.

이후에 다가올 10년 세월은 빈곤함, 문명화된 제도 내에서의 부패, 동일시에 기반한 공격성, 그리고 전쟁으로 특징지어질 것이다. 물론 환경적 재앙은 말할 것도 없다. 사실 지구 온난화와 오염의 문제들이 간과되고 있다. 왜냐하면 지배 계급의 관심사는 오직 금융 규제에만 초점을 맞추고 있기 때문이다. 이러한 참혹한 전망의 가능성에서 황급히 달아나는 것을 상상하기란 쉽지 않다. 황폐화 과정은 이미 결정되었고, 문화적 에너지는 급속하게 파괴되는 중이다. 그것은 공교육 체계가 해체 되어버린 결과이며, 지나간 근대의 진보적 이데올로기가 소진한 결과이기도 하다.

2010년과 2011년에 반란이 [세계를] 휩쓸었다. 아테네에서 런던, 카이로에서 뉴욕 그리고 스페인의 도시들에 이르기까지. 사람들은 금융독재의 결과들을 맹렬히 비난했다. 그러나 시위, 점거, 항의 들이 사회와 문명화된 삶에 대한 금융 자본주의의 공격을 멈추게 할 수는 없었다.

노동조건의 불안정, 일상적 삶과 사회적 소통의 파편화가 사회적 연대의 조건들을 파괴했고, 우리가 근대라는 과거의 세기들로부터 물려받은 정치적 행동의 형식들은 자본주의 권력의 형식이 변했기 때문에 더 이상 유효하지 않다. 따라서 우리는 완전히 새로운 전망에서 정치적 행동을 상상해야 한다. 그리고 정치적 행동의 최우선적 임무는 경쟁의 30년 세월이 위험에 빠뜨린 사회적 연대를 재건하는 일이다.

생산이 점차 기호적 교환의 과정이 됨에 따라, 한때 분리된 두 개의 영역으로 간주되었던 언어와 경제가 점점 더 뒤섞이게 된다. 금융독재는 언어를 자동화automation하고 식민화하는 과정이다. 따라서 오직 언어 영역에서만 사회적 연대가 재건될 수 있고, 오직 언어 영역에서만 해방의 과정을 위한 새로운 조건들이 창출될 수 있다.

비록 위기가 전 지구적일지라도, 당신이 지금 손에 펼쳐든 이 책은 본질적으로 유럽의 상황에 초점을 맞추고 있다. 왜냐하면 내가 [유럽의 상황을] 보다 잘 알고 있기 때문이기도 하고, 유럽 통합의 기획이 후기late 근대성의 가장 중요하고 진보적인 기획들 중의 하나였고, 그 기획의 실패는 근대 문명의 실패를 보여주는 완벽한 본보기이기 때문이기도 하다.

우리는 유럽에서 금융 자본주의의 현재 위기가 어떤 경로를 밟을 것인지 예상할 수 없다. 우리는 심지어 경제적 무질서, 다시 말해 시장의 우울과 공황의 섞임은 위기일 뿐 붕괴가 아니라고 주장할 수도 없다.

"위기"라는 단어는 사실 일시적 불연속과 기존 형식의 재구축을 의미한다. 따라서 위기는 경제 성장의 새로운 시기와 자본주의 구조의 공고화로 이어질 것이다.

그와는 반대로 붕괴는 소멸의 시작일 것이며, 근본적으로 불연속적이고 이질적인 새로운 형식의 사회적 연쇄로 가는 길을 열어놓을 것이다.

우리는 무슨 일이 일어날 것인지를 알지 못한다. 그러나 우리에겐 진행 중인 과정을 이해할 수 있는 개념적 틀이 필요하다. 따라서 나는 현재 내파implosion의 위험 아래에 놓여 있는 유럽의 문화적 맥락의 몇 가지 계보학적 선들을 되짚어 가고 싶다. 현재 유럽 자본주의의 탈구脫臼의 발생을 이해하기 위하여, 우리는 자본주의와 양립할 수 있도록 사회적 주체성의 모델을 만들었던 서로 다른 문화적 형식들에서 시작해야 한다.

부르주아의 형성을 가능하게 했던 사회적 인식과 주체성의 모델을 만들고, 사회적 정신에 대한 자본주의적 헤게모니를 수립하는 것은 감수성에 관한 몇 가지 단계들에 집중되어 있다. 시간의 표준화, 개인의 책임이라는 개신교적 윤리, 사회체social body에 대한 기계적 훈육 등등의 단계들 말이다.

근대의 지배 계급이었던 부르주아는 강하게 영토화된, 즉 "도시[마을]"bourg 1에 거주하는 계급이었다. 부르주아의 번영은 영토, 공동체, 도시의 생존·복리와 분리될 수 없었고, 부르주아 사회의 진보적 경향은 노동과 자본의 전략적으로 대립하는 동맹에 근거하고 있었다.

지난 세기의 마지막 십년 동안, 디지털 혁명과 전 지구적 무대에 대한 신자유주의 헤게모니의 득세가 야기한 거대한 탈영토화 과정의 결과로서, 부르주아는 권력의 무대에서 내려오고, 우리가 금융계급, 약탈계급 혹은 가상계급이라고 부르는 새로운 계급이 경제 시스템의 주도권을 쥐게 된다. 이 계급은 공동체의 복리 혹은 영토의 통합 같은 것에는 아무런 관심도 없다. 이것이 엄청난 양의 자본이 국가 재정 기부금에서 빠져 달아나고 있는 이유다. 금융 자본가들은 자신들이 금융 낙원에서 번성하고 있을 동안, 국가 경제가 파탄이 나는 것에는 아무런 관심도 없다.

장 보드리야르가 『죽음과 상징적 교환』(1976)에서 예견했듯이, 체계 전체는 부유浮遊하는 가치들의 체제로 급속히 치달았다. 독단성[임의성]과 불확실성이 뒤따르고, 단지 힘만이 사회적 역학을 관리할 수 있다.

현실적 사회 영역을 감독하는 힘은 합리성의 힘이 아니라 자동화의 힘이다. 통치government 개념을 대체하는 협치governance 2개념은 사회적 삶이 구성원들이 합의한 의지라기보다는 기술-언어적 자동기제에 복종하는 형식을 지칭한다.

언어의 수식화와 사회체에 각인되는 기술적 자동기제들이 금융독재 영역에서 권력을 떠받치는 기본적 대들보들이다.

가치화 과정이 기호적인 것으로 바뀌었다. 디지털 경제에서 생산되는 상품들이 점차 기호적 상품들(프로그램, 문서, 소통의 서비스들)로 되어가고 있다. 그러나 그것을 넘어서 화폐 교환 그 자체가 자기-복제라는 가상적 영역이 되면서, 실제 대상들과의 접촉을 상실했다는 것을 언급하는 것이 중요하다. 금융거래가 믿을 수 없는 속도로 증가하고, 자본의 가치화는 (물리적이든, 기호적이든) 상품의 생산과 분리되고 있다. 돈이 돈을 낳는다. 그것은 (물리적이든, 기호적이든) 기존 세계의 실제적 변형에 의존할 필요가 없다.

정보영역infosphere과 경제의 통합은 금융독재가 발휘되기 시작한 새로운 풍경의 뚜렷한 특징이다. 사회의 신경 조직을 침투하고 둘러싸고 있는 정보영역이, 무의식의 복잡한 영역인 심리영역에 스며들고 있으며, 특히 감수성에 영향을 미치고 있다. 기호를 방출하는 리듬의 가속화는 신경 자극의 강화를 유발하고, 그 결과 우리가 사회적 무의식의 관점에서 접근할 수 있는 지각과 감각의 변이를 야기한다.

정보의 순환이 보다 가속화될수록, 의식적 주의력과 합리적 의지가 사회적 영역을 통제하고 처리하는 데 보다 어려움을 겪는다. 그래서 개신교 부르주아의 낡은 합리성이 현실에 대한 장악력을 잃는다.

부르주아 문화의 쇠락과 점진적 소멸, 그리고 새로운 유형의 문화적 헤게모니의 출현—금융 약탈 계급의 헤게모니는 종교적이고 미학적인 이행의 관점에서 기술될 수 있고, 되짚어 갈 수 있다. 우리는 개신교적 윤리와 산업 근대성이라는 엄격한 고딕풍 감수성의 퇴색 그리고 상상력과 윤리적 입장의 영역에서 바로크적 구교Catholic 정신의 귀환을 목격하고 있다.

개신교 문화는 진리의 유일함[독특성]uniqueness(개별 신도와 신 사이의 직접적 관계, 그리고 부르주아와 그들의 재산 사이의 직접적 관계를 암시하는)의 장소로서 기독교적 의식의 개별성을 주장한다. 개신교적 감수성은 그 본성상 청교도적이고 엄격하다. 영토화된 부르주아 경제가 철iron과 철강steel의 우상 파괴적 엄격함에 근거를 두었던 반면, 탈산업적 생산은 만화경, 즉 기호적 생산의 탈영토화된 기계에 근거를 두고 있다.

『죽음과 상징적 교환』에서 장 보드리야르가 적고 있듯이 "현실 원리는 가치 법칙의 특정한 단계와 일치했다. 오늘날 불확정성이 전 체계를 뒤덮고, 모든 현실은 코드와 시뮬레이션이라는 하이퍼-리얼리티hyper-reality 3에 흡수된다."

보드리야르는 현실 원리가 가치 법칙의 특정한 단계와 일치했다고 말한다. 가치 법칙은 노동시간과 상품의 교환가치 간의 고정된 관계에 근거를 두고 있다. 부르주아 자본주의의 전체 조직은 이러한 일치에 근거를 두었고, 이러한 일치는 물리적 사물을 생산하는 데 필요한 평균적 노동시간을 계산할 수 있는 가능성이 보장해 주었다.

그 지배적 형식에서 근대 자본주의는 노동과 가치 간의 관계의 약분가능성에 근거하고 있었다. 하나의 생산물의 가치는 측정 가능한 평균적인 무엇, 즉 그것을 생산하는 데 사회적으로 필요한 시간의 양으로 규정된다.

후기 근대 자본주의가 디지털 생산의 공간으로 진입할 때, 기호적 상품들(정보, 문화, 소통, 컴퓨팅 같은)이 자본주의적 가치화에서 중요한 자리를 차지할 때, 그리고 인지노동이 사회적 생산의 본질적 요소가 될 때, 측정의 가능성은 흔들리기 시작하고, 불확실성의 원리가 경제 영역에 들어온다.

전 지구적 경제는 1971년 닉슨 대통령이 미국 달러화의 태환兌換 가능성에 종지부를 찍었을 때, 부유하는 가치들의 우발적 체제를 처음으로 살짝 엿보았다. 미국 통화와 고정된 교환 기준 간의 관계가 깨졌고, 화폐의 장場은 불확실성의 체제로 진입했다. 이것이 경제적·기호적 불확정성이라는 포스트 부르주아 시대의 최초의 선언이었다. 지시대상과 기호 간의 관계, 시뮬레이션과 사건 간의 관계, 가치와 노동시간 간의 관계가 깨졌고 우연성과 불확실성의 공간 속으로 던져졌다. 세계 기축 통화 질서를 닉슨이 파열했던 것에는 경제적 척도로서의 시간이라는 준거점에서 가치가 해방되는 것이 암시되었다. 그러나 화폐 기호와 경제적 대상 간의 관계의 균열 또한 암시되었다.

정보가 생산의 결정적인 요소가 됨에 따라, 언어는 더 이상 단순히 경제적 과정을 재현하는 도구가 아니다. 언어는 생산의 주요한 요소이며, 축적의 주요한 원천이 된다.

생산의 기호적-변형은 경제의 일반적 탈영토화로 가는 길을 열어준다. 금융화는 기호-변형의 다양한 측면들 중의 하나이다. 금융은 상품 생산의 구체적 과정으로부터 화폐의 순환을 추상하는 기호적 영역이다. 금융은 추상적 영역이며, 그 안에서 의미를 나타내지 않는a-signifying 기호인 돈이 물리적이거나 기호적인 노동 산물과의 관계를 끊는다.

교환은 가치와의 어떠한 준거점도 상실한 채, 기호적 시뮬레이션의 볼만한 게임이 되기 시작한다.

투기speculation와 볼거리spectacle가 뒤섞인다. 왜냐하면 언어의 고유한 인플레이션적(은유적) 본성 때문이다. 은유는 치환, 탈영토화, 모호성이고 언어의 은유 능력은 기호적 인플레이션으로 가는 길을 연다.

오랫동안 돈의 기능은 본질적으로 지시指示적인 것이었다. 돈은 상품 생산에 투여되었고, 상품은 더 많은 돈을 생산하기 위해서 팔렸다. 맑스는 돈을 "보편적 등가물"로 정의했다. 왜냐하면 돈은 시장에 있는 모든 대상을 지칭할 수 있는 기호였기 때문이다. 그러나 지금 우리는 돈이 등가물뿐만 아니라 가치화 과정의 동력, 즉 유통의 요인이며, 지배와 명령의 도구일 수 있다는 사실을 깨닫는다.

디지털화, 금융화의 과정이 화폐 기호들의 지시적 특징을 끝장냈기 때문에, 돈은 생산 영역에 대한 어떠한 투자 없이도 더 많은 돈을 만들고 있다. 화폐 교환은 순전히 언어적인 것이 되고, 기호-생산의 언어적 그물망은 거울들의 게임[4]으로 작동하고, 거품으로 이끌며, 과잉생산이라는 피할 수 없는 위기를 터뜨린다.

화폐 순환은 더 이상 부르주아 정체성, 즉 화폐를 소유하고서 자신의 영토에서 물리적으로 알아볼 수 있도록 재산을 불리기 위해 생산에 돈을 투자하는 사람에 연결되지 않는다. 화폐 순환은 셀 수 없이 많은 자본의 파편들을 지속적으로 재조합하는 순수하게 언어적 게임이 된다. 자본의 파편들은 프랙탈의 형태를 갖는다. 네트라는 전 지구적 언어 기계가 지속적으로 재결합할 수 있는 호환 가능한 조각들 말이다.

화폐의 순환과 자본의 가치화가 더 이상 인간들에게 연결되지 않고, 공기 속으로 증발되어 지속적으로 재조합하는 가상의 프랙탈들로 변해서 탈영토화의 영원한 게임 속으로 다시 용해될 때, 부르주아의 개신교적 개인의 책임감은 상실되고 잊혀진다.

부르주아 문명은 보편적이고 합리적 척도의 영역이었다. 진리는 자의적 의지가 아니라 노동시간과 가치 간의 근본적 관계에 의존하는 것에 대한 관습적 합의였다. 이러한 약분가능성이 공중으로 증발되고, 기호자본이 우연성과 시뮬레이션의 영역으로서 무대 위에 등장할 때, 바로크 정신이 금융 불안정이라는 감수성에서 되돌아온다.

2011년에 쓴 이 책에서, 나는 유럽의 상황을 금융에 대항하는 언어(시적 언어)의 가능한 봉기라는 전망 안에 위치시키고자 했다.

1장에서 나는 붕괴가 함축하고 있는 내용을 이해하려고 시도하며 그 붕괴를 자본주의적 에너지 고갈의 일반적 과정이라는 틀에서 이해하려고 한다.

2장에서 나는 경제학에서의 언어적 전환을 이해하려고 시도하며 사회적 생산과 화폐 교환의 형식들에서 이러한 전환의 효과들을 이해하려고 한다.

3장에서 나는 추상화 과정이 사회체에서, 특별히 언어적 교환의 영역에서 생산한 효과들, 다시 말해 탈연대화, 추상화 그리고 언어적 언표행위의 구조를 기술한다.

4장에서 나는 예술과 시적 언어의 근대적 생성에 관해 화폐 경제의 역사와 비교해가며 상세히 설명한다. 그리고 어떠한 종류의 봉기가 언어적 에너지와 정서의 착취에 의해 마비된 사회체를 되살리고 재활성화 할 수 있는지 상상하려고 시도한다.

이러한 전망에 따라서 오늘날 확산되고 있는 금융 자본주의에 대항하는 운동은 언어를 탈자동화하는 운동이 되어야 한다. 이러한 탈자동화와 재특이화의 과정에서 시[문학]은 중요한 역할을 할 수 있다. 그것이 사회의 성애적 신체를 재활성화하는 지점으로서, 정보 영역의 목소리로서 작동할 수 있다면 말이다. 사회의 성애적 신체가 재활성화 될 때라야만, 감정이입이 불안정한 노동 회로 안으로 다시 흐르기 시작할 때라야만, 연대는 다시 나타날 것이다. 그리고 연대는 금융독재로부터의 자율을 위한 필수적 조건이다.

비록 나의 관심사가 유럽의 상황에 맞추어져 있을지라도, 사회 체가 금융에 복종하는 과정은 전 지구적으로 일어나고 있다고 생각한다. 변변치는 않지만 내가 다루고 있는 주제가 한국의 독자들에게 흥미로울 수도 있을 것이다.

마찬가지로 사회 운동의 전망들은 점점 뒤섞이고 있으며, 유럽의 경험은 새로운 방식의 전 지구적 투쟁과 자율을 위한 상상력에 흥미로울 수도 있을 것이라고 생각한다.

2012년 12월
프랑코 베라르디 [비포]

The Uprising

차례

봉기

서론

이 글들은 유럽 봉기의 첫 해인 2011년에 쓴 것이다. 내가 보기에 그 해는 유럽 사회가 단순한 경제학의 위기라기보다는 사회적 상상력의 심각한 위기로 들어서던 해이기도 했다. 지난 30년 동안 경제적 도그마dogma가 공적 담론의 주도권을 쥐고 있었고, 정치적 이성의 비판적 힘을 억눌러왔다. 전 지구적 경제의 붕괴는 경제적 독단주의의 위험을 드러냈지만, 그 (경제적 독단주의) 이데올로기는 이미 살아있는 사회의 자동기제automatism 1들 속으로 통합되고 말았다.

정치적 결정은 상호 연결된 전 지구적 기계 속에 내장된 기술-언어적techno-linguistic 자동기제로 대체되었고, 사회적 선택은 사회적 담론과 사회적 상상계imaginary 속에 내장된 심리적 자동기제에 굴복한다.

그러나 그 붕괴가 나타냈던 심각한 재난이 사회적 두뇌의 숨겨진 능력들potencies을 깨우고 있다. 금융 붕괴는 반란insurrection의 시작을 나타내는데, 우리는 2010년 12월 런던, 아테네 그리고 로마에서 그 최초의 모습을 보았고, 이후 2011년 5~6월에 걸친 스페인에서의 야영acampada 시위대와 그 해 8월 영국 외곽지역에서 발생한 나흘간의 폭동사태, 그리고 미국에서 발생한 파업과 점거의 물결 속에서 반란은 거대해졌다.

유럽의 붕괴는 단지 경제·금융 위기의 결과만은 아니다. 이것은 미래에 대한 상상력의 위기이기도 하다. 마스트리흐트 조약Maastricht의 규칙들2은 유럽 중앙은행의 고위 사제들이 수호守護하고, 주식 중개업자들과 고문들이 홍보한 마법의 주문이고, 의심할 여지가 없는 도그마이며, 문제를 해결하는 공식이 되었다.

금융 권력은 불안정한 인지 노동, 즉 신체로부터의 분리라는 현재적 형식에서의 일반 지성general intellect 3을 착취하는 것에 근거한다.

현재적 구성configuration에서 일반 지성은 파편화되어 있고, 자기-지각self-perception과 자기-의식을 박탈당한 상태다. 오직 일반 지성의 성애적erotic 신체를 의식적으로 동원하고, 시를 통해서 언어에 새로운 활력을 주는 것만이 새로운 형식의 사회적 자율을 낳는 길을 열어줄 것이다.

비가역성(非可逆性, 되돌릴 수 없음)

내 세대의 누군가가 변증법적인 행복한 결말이라는 지식의 자동기제로부터 벗어난다는 것은 어려운 일이다.

빈 회의의 복고4 이후에 1848년 민중의 봄이 뒤따랐던 것과 마찬가지로, 파시즘 이후에 저항과 자유가 수반되었던 것과 똑같이 지금 내 세대(68혁명 세대, 어떤 의미에서는 근대의 마지막 세대라고 할 수 있는)의 정치적 본능은 민주주의가 부활하고, 사회적 연대가 귀환하고, 금융독재가 전복되기를 기대하고 있다.

이러한 기대는 기만적일 수도 있다. 우리는 역사적 진보라는 개념틀을 폐기하고, 비가역성의 전망을 상상하기 위해서 우리의 역사적 예시prefiguration의 공간을 향상시킬 수 있어야 한다. 현재의 삶-경제적bio-economic 전체주의 영역에서 기호-자본이 생산한 기술-언어적 자동기제의 통합은 하나의 형식을 창출했다. 그 형식은 신체에 작용하는 외적 지배가 아니라 사회적 유기체 그 자체의 변이mutation다. 역사적 변증법이 더 이상 과정과 전망을 이해하는 수준에서 작동하지 않는 것은 이러한 이유에서다. 비가역성의 전망이 전복의 전망을 대체하고 있으며, 따라서 우리는 이러한 관점에서 자율의 개념을 다시 생각해야 한다.

"비가역성"은 근대 정치 담론에서는 금기시되는 말이다. 왜냐하면 그것은 사건들의 흐름이라는 합리적 통치 원칙과 모순되기 때문이다. 사건들의 흐름은 합리적 통치를 위한 필수 조건이며, 근대 정치학 이론과 실천을 위한 휴머니즘의 주요한 공헌이기도 하다. 마키아벨리는 역사의 여성적 측면인 포르투나fortuna 5(기회, 사건들의 혼돈스런 흐름)에 굴복할 수 있는 남성적 힘force으로서의 군주에 대해 말한다.

정보영역의 무한한 가속[화] 시대에 우리가 지금 경험하고 있는 것은 다음과 같다. 여성적 포르투나는 더 이상 정치적 이성이라는 남성적 힘에 의해 예속되고 길들여질 수 없다. 왜냐하면 포르투나는 넘쳐나는 정보영역의 혼돈스런 흐름들과 미시적 수준의 금융 거래의 무질서한 흐름들 속에서 구체화되기 때문이다. 새로운 정보의 도착률6과 의식적 프로세싱processing을 할 수 있는 제한된 시간 사이의 불균형은 초복잡성hypercomplexity을 창출한다. 따라서 전체 사회적 장場을 합리적으로 변화시키기 위해 제안하는 기획들은 별 의미가 없다.

우리 시대의 지평은 후쿠시마 원전 사태로 특징지어진다. 지진과 쓰나미의 소란스런 재앙과 비교해볼 때, 도쿄의 소리 없는 묵시록은 보다 경악할 만한 것이고, 지상에서의 일상적 삶에 대한 사회적 기대감의 새로운 틀을 제시한다. 인접한 도시들이 후쿠시마의 낙진에 직접 노출되어 있지만 삶은 거의 정상적으로 돌아가고 있다. 단지 극소수의 사람들만이 그 도시를 버리고 떠났다. 대부분의 시민들은 계속 그곳에 거주하고 있으며, 예전처럼 입에 마스크를 쓰고 호흡하며 생수를 구입한다. 수질과 공기 오염에 대한 비난도 극히 드물다. 음식물의 안전성에 대한 염려 때문에 미국의 관련 공무원들은 일본으로부터 특정 식품의 수입을 중단하였다. 그러나 후쿠시마 효과가 사회적 삶의 붕괴를 암시하는 것은 아니다. 독毒은 일상적 삶의 정상적 특징이 되어버렸고 우리가 거주해야 하는 제 2의 자연이다.

지난 몇 년간 지구의 풍경에서 눈에 띄게 붕괴들이 증가했지만, 그것들이 지배적 패러다임에 어떠한 변화, 즉 의식적 자기-조직화 운동이나 혁명적 변혁을 가져오지는 않았다.

멕시코 만에서의 원유 유출 사건이 BP[BP아모코 : 영국의 기름회사]의 퇴출로 이어진 것도 아니었다. 오히려 그 회사는 자신의 권력을 단단히 했다. 왜냐하면 아마도 BP가 그 혼란을 관리하고 통제 하에 둘 수 있는 (기대를 갖게 히는) 유일한 힘이었기 때문이다. 2008년 9월 금융 붕괴는 미국 경제정치학에 어떠한 변화도 이끌어내지 못했다. 오바마의 당선이 일으킨 희망들에도 불구하고 금융 계급은 경제적 장악을 느슨히 하지 않았다. 유럽에서는 2010년 그리스 위기 이후에도 신자유주의 이데올로기가 기각되지 않았다. 신자유주의가 명백히 그리스 붕괴의 원인이었는데도 말이다. 그와 반대로 그리스 붕괴(그리고 뒤이어 아일랜드, 이탈리아, 스페인 그리고 포르투갈의 붕괴)는 통화주의 정책의 경직성rigor을 강화했고 임금과 사회복지에 대한 감축의 전망을 강조했다.

하나의 체계의 수준에서 변화는 양성적positive 피드백의 형식을 취하고 있다.

사이버네틱스에 관한 자신의 저작에서 노버트 위너Norbert Wiener는 한 체계의 출력의 변화들이 체계의 입력에 반하도록 작동해서, 그 결과로 변화들이 감소되고 약화될 경우, 그 체계의 출력output을 정의하기 위해서 음성적negative 피드백7에 대해서 말한다. 만일 한 체계의 전체적 피드백이 음성이라면, 그 체계는 안정화되는 경향을 보일 것이다. 예를 들어 사회적 장에서 사회적 곤궁함이 너무도 견디기 힘들고 광범위해져서 시위와 투쟁들이 일어나, 산업계로 하여금 어쩔 수 없이 임금을 올리고 착취를 줄이도록 할 때, 우리는 그 체계가 음성적 피드백을 보여준다고 말할 수 있다.

그와는 반대로 위너의 용어에서 체계가 동요 그 자체에 반응해서 동요의 크기를 증가시킬 때, 그 체계는 양성적 피드백을 보여준다고 할 수 있다. 분명, 의도하지 않은 양성적 피드백은 바랄만한 것이라는 의미에서의 "양성적"인 것과는 거리가 먼 것일 수 있다. 우리는 또한 자기-보강적 피드백에 대해서도 말할 수 있다.

내 생각은 다음과 같다. 정보-가속화와 초복잡성의 상황에서는 의식적이고 합리적 의지가 그러한 경향들을 조정하고 견제할 능력을 상실하게 되므로, 그 경향들은 최종적 붕괴의 지점까지 자기-보강적인 것이 된다. 우익의 선거 승리와 무지의 독재라는 다음의 악순환을 보라. 우익 정당이 승리할 때, 그들에게 무엇보다 중요한 임무는 공교육의 질을 저하시키고, 미디어 순응주의를 지원하는 것이다. 무지와 순응주의의 확산의 결과는 새로운 선거 승리로 돌아올 것이고 이 과정은 무한히 반복될 것이다. 이것이 유럽의 미래를 기술-금융독재와 공격적인 포퓰리즘적 반응의 음울한 혼합으로 볼 수밖에 없는 이유이다.

이와 같은 조건에서, 자율은 본질적으로 양성적 피드백의 스위치가 켜진 환경에서 탈출하는 능력일 터이다. 지구의 환경과 전 지구적 사회가 점차 이와 같은 파멸적 동향에 종속되고 있음을 알고 있는 상황에서, 우리는 어떻게 거기서 탈출할 수 있을 것인가?

불안정성이 사회적 연대를 위협하고 사회체는 자신의 행위를 틀에 박힌 행위의 반복으로 환원시키는 기술-언어적 자동기제들에 의해 엮여 있을 때, 우리가 어떻게 주체화의 과정에 대해 생각할 수 있는가?

이 책에서 나는 크리스티안 마라찌Christian Marazzi, 빠올로 비르노 Paolo Virno, 마우리찌오 라짜라토Maurizio Lazzarato의 이론적 제안들을 기이한uncanny 방향으로 개진하려고 한다. 이 사상가들은 언어와 경제 사이의 관계를 개념화했고, 정서affection 8와 언어의 삶정치 영역에 대한 금융 자본주의의 포섭과 예속을 설명했다. 나는 이러한 예속을 전복시킬 방도를 찾고 있으며, 시[문학]과 감수성sensibility의 기이한 관점으로부터 이것을 시도하려고 한다.

떼[무리]

사회체가 기술-언어의 자동기제로 엮여 있을 때, 그것은 하나의 떼[무리]swarm처럼 행동한다. 달리 말하면 그것은 집합적 유기체의 행위가 연결하는 인터페이스에 의해 자동적으로 지시를 받는 경우와 같다.

다중multitude이란 어떠한 공통적 의도도 공유하지 않으며, 공통된 행위의 패턴도 보여주지 않는 수많은 의식적이고 감성적인 존재들이다. 도시를 배회하는 군중crowd은 각기 수많은 동기를 가지고 수많은 방향으로 움직인다. 모두 그/그녀 자신의 방식대로 살아가며, 그러한 위치 이동의 교차들이 군중을 만들어낸다. 때때로 군중은 공조하는 식으로 움직일 경우가 있다. 사람들은 기차역을 향해서 함께 달려간다. 왜냐하면 기차가 곧 출발할 예정이기 때문이다. 사람들은 신호등에서 멈추어서기도 한다. 사회적 상호의존의 구속이라는 한계 안에서 모두가 자신의 의지에 따라 움직인다. 우리가 현재의 사회적 주체성에 대해 더 많이 이해하고 싶다면, 다중이라는 개념은 네트워크와 떼[무리] 개념으로 보충[보완]되어야 할 필요가 있다.

네트워크란 수많은 유기적이고 인공적인 존재들, 즉 인간과 기계들의 상호연결과 상호정보처리interoperation를 가능하게 만드는 절차들 덕분에 공통의 행위를 수행하는 인간과 기계들이다. 만일 당신이 이러한 절차들에 맞추지 않으면, 게임의 기술적 규칙들을 따르지 않으면, 당신은 정당하게 게임에 참여하는 것이 아니다. 당신이 프로그램된 방식으로 특정한 자극에 반응하지 않으면, 당신은 그 네트워크의 구성요소가 아니다. 네트워크에서 사람들의 행위는 군중의 움직임처럼 우발적인 것이 아니다. 왜냐하면 그 네트워크는 네트워크 참여자를 위한 경로를 암시하고 그 경로를 따르도록 만들기 때문이다.

떼[무리]는 그들의 신경계에 단단히 각인된 규칙을 따르는(혹은 따르는 것처럼 보이는) 수많은 살아있는 존재들이다. 생물학자들은, 벌집을 짓거나 꿀을 만드는 원료를 찾을 수 있는 식물을 향해 이동하는 벌 떼처럼, 비슷한 크기와 신체 성향을 갖고서 동일한 방향으로 함께 이동하며 공조하는 방식으로 함께 행동하는 다수의 동물들을 떼[무리]라고 부른다.

사회적 초복잡성의 조건들에서 인간은 하나의 떼로서 행동하는 경향이 있다. 정보영역이 너무도 조밀하고 빨라서 정보를 의식적으로 정교화 할 수 없을 때, 사람들은 공유된 행위에 순응하는 경향이 있다. 이것이 빌 게이츠Bill Gates가 기호학자 토마스 세복Thomas Seboek에게 보내는 편지에 쓴 문장의 의미다. "권력은 사물[상황]들을 쉽게 만드는 데에 있다."Power consists in making things easy 개인의 정신이 적절히 이해하고 통제할 수 없는 초복잡 환경에서 사람들은 단순화의 경로를 따를 것이고, 복잡성을 줄이는 인터페이스들을 사용할 것이다. 이것이 오늘날 사회적 행위가 규칙적이고 피할 수 없는 상호작용의 패턴 속에서 빠져나올 수 없는 것처럼 보이는 이유다. 기술-언어적 절차들, 금융 의무obligations[부채], 사회적 필요 그리고 심리-미디어의 침공. 이 모든 모세 혈관 기계가 사회적 행위자들의 행위에서 공통의 인지적 패턴을 통합시키고 가능한 영역을 틀 짓고 있다.

그래서 우리는 기호-자본 영역에서 사회적 삶이 떼[무리]가 되어가고 있다고 말할 수 있다.

무리 속에서 "아니오."라고 말하는 것이 불가능한 것은 아니다. 그것은 아무런 관계가 없다. 당신은 당신의 거부의사, 반대 의견 그리고 중립적 입장을 밝힐 수 있다. 그러나 이것이 무리의 방향을 변화시키지 못할 뿐만 아니라 무리의 두뇌가 정보를 정교화하는 방식에도 영향을 미치지 못할 것이다.

언어의 자동화

금융 경제에서 언어의 함축은 현재의 주체화subjectivation 과정에서 중요하다.

이 책에서 나는 언어와 정서를 해방시키는 과정에 대해 생각하려고 시도할 것이며 지불거부insolvency 9 개념에서 출발하려고 한다.

지불거부는 단순히 금융 계급이 유발한 경제 위기의 비용에 대한 지불을 거절하는 것만이 아니다. 그것은 일상적 삶의 문화적·심리적 규준화normalization에서 구체화된 상징적 부채에 대한 거부이기도 하다. 빈곤은 핵가족의 문화적 순응주의와, 개인 존재의 격리된 사생활에 기반을 두고 있다. 욕구들과 정서들의 사유화는 사회적 에너지를 자본주의 문화 연쇄에 굴복시켰다. 자본주의 지배의 역사는 욕구의 사유화 및 욕구의 생산과 떼어놓을 수 없다. 달리 말하면 문화적·심리적 의존 습관들의 창출 말이다. 사회적 지불거부는 자본주의적 순응주의가 사회에 부과했던 우선 사항들의 목록으로부터의 독립을 의미한다. 언어적·정서적 관점에서 보자면, 지불거부는 언어를 교환으로 환원하는 것으로부터의 탈주선이다.

연결[접속]connective 10 기호는 보편적 언어 기계 속에서 실존적 흐름을 코드화하는 디지털-금융 기계를 자동적으로 재결합한다. 말[단어]들은 이 자동화 과정 속으로 끌려 들어간다. 그래서 우리는 연대와 자율이 불가능해진 사회가 갖는 감정이입이 되지 않는 삶 속에서, 그것이 냉혹하고 추상적이라는 것을 깨닫는다. 단어의 자동화는 두 가지 층위에서 발생한다.

첫 번째 층위는 화폐화monetarization와 금융 순환에의 종속이다. 금융 기능(기호의 순환을 통한 가치의 축적)이 언표행위의 충동적pulsional 측면을 무효화하고, 그 결과로 언표된 것이 디지털-금융 포맷들formats과 양립할 수 있을 때, 기호들은 금융의 지배 아래에 놓인다. 의미와 가치의 생산은 처녀생식의 형태를 취한다. 기호들은 더 이상 육체[살]flesh을 경유하지 않고도 기호를 생산한다. 화폐 가치는 상품 생산의 물질성을 거치지 않고도 보다 많은 화폐 가치를 생산한다.

두 번째 층위는 색인화[지표화]indexicalization 11다. 프레드릭 카플란Frederic Kaplan은 「말이 비싼 값을 가질 때」Quand les mots valent de l'or라는 제목의 기고문12에서 인터넷 검색 엔진 틀에서의 언어의 색인화 과정에 대해 말한다. 두 가지 알고리듬이 구글 검색을 통해서 언어적 의미가 경제적 가치로 환원되는 것을 규정한다. 첫 번째 알고리듬은 한 단어의 다양한 출현 양상occurrences을 발견하고, 두 번째 알고리듬은 단어들을 화폐 가치에 연결한다.

생산의 기호-자본적 순환에 의한 언어의 포섭은 언어가 갖는 정서적 능력을 효과적으로 봉쇄한다.

이러한 포섭의 역사가 20세기를 관통하고, 시[문학]은 정서적 영역으로부터 언어가 분리되는 것을 예견하고서 그것을 미리 나타내보였다. 랭보Rimbaud가 의미들의 방탕함dereglement des senses을 요구한 이래 시인들은 지시대상의 망각과 기표의 자율적 환기를 실험해왔다.

프랑스와 러시아 상징주의에 대한 경험은 말과 세계 사이의 지시적-외연적 연결을 끊어버렸다. 동시에 상징주의 시인들은 언어의 함축적 능력을 폭발과 과잉내포hyperinclusion의 지점까지 끌어올렸다. 말들은 다른 말들에 대한 다의적多義的 환기가 되었고 따라서 갑작스런 깨달음 같은 것이 되었다. 포스트-지시적인 언어의 이러한 마술은 경제가 기호-경제가 되었을 때 발생한 탈지시화의 일반적 과정을 예상했다.

자본주의 경제의 금융화는 노동이 그 유용한 기능에서 점점 더 추상화[분리]되고, 소통이 신체적 차원들에서 점점 더 추상화[분리]되는 것을 의미한다. 상징주의가 언어적 기표를 그 지시적·외연적 기능에서 분리해내는 것을 실험했듯이 금융 자본주의는 언어적 능력을 내재화한 이후에 화폐적 기표를 물리적 상품들에 대한 지시적·외연적 기능에서 떼어냈다.

금융 기호들은 결과적으로 가치의 처녀생식으로 이어졌다. 다시 말해 물리적 질료와 육체노동의 생산적 개입 없이도, 돈을 통해서 돈을 창출했다. 금융의 처녀생식은 모든 사회적·언어적 능력을 빨아들여 고갈시킨다. 인간 행위의 산물들, 특히 집합적 기호 행위의 산물들을 용해시키면서 말이다.

단어는 더 이상 말하는 정서적 신체들의 결합conjunction 13의 요소가 아니라 경제에 의해 코드가 변환된 의미화 기능의 연결사connector다. 일단 그 결합 능력이 박탈되고 나면, 단어는 재결합 기능, 다시 말해서 (연속적인 것에 대해서) 분리된 연산자와 (충동적인 것에 대해서) 형식화된 연산자가 된다. 오늘날 사회적 장으로 들어가는 접속connective 세대, 인간의 역사에서 어머니보다 기계로부터 더 많은 단어를 배운 최초의 세대는 단어의 자동화로 인한 처녀생식적이고 감정이입이 되지 않는 결과들로 충분히 고통받는다.

시와 언어의 탈자동화

우리는 너무 많은 것들을 소유하고 있지만 충분한 형식을 갖고 있지는 못하다.
— 플로베르, 『작가의 인생』

우리가 더 이상 자신의 내부로부터 나오는 힘을 이해할 힘이 없을 때, 형식이 마음을 사로잡는다.
— 데리다, 『글쓰기와 차연』

목소리와 시는 재활성화를 위한 두 개의 전략들이다.

과거에 시는 언어의 자동화와 지시성의 폐기를 예견했었다. 이제 시는 언표행위의 욕망하는 힘에서 발생하기 때문에, 정서적 신체의 재활성화 과정을 작동시킬 수 있고 따라서 사회적 연대의 재활성화도 작동시킬 수 있다.

『언어와 죽음』Language and Death에서 아감벤Agamben에게 목소리는 의미와 육체가 만나 결합하는 지점이다. 목소리는 의미화과정의 신체적 특이성이며, 언어의 조작적 기능으로 환원될 수 없다. 음성 인식을 위한 절차와 프로토콜(통신규약)에 대한 연구에도 불구하고 말이다.

이러한 의미에서 시는 언어의 목소리다. 그것은 언표행위의 자기지시적deixic(자기-지시적이라는 의미의 deixis가 어원이다) 기능의 재출현이다. 시는 감각적으로 의미를 낳는 목소리, 신체 그리고 단어의 현존이다.

조작적 단어의 기능성은 발화행위를 연결적 재결합능력으로 환원함을 의미한다. 반면에 시는 갑작스레 분출하여 사회적 소통의 회로가 되고, 무한한 해석게임, 즉 욕망의 역학을 다시 열어 놓는 감각[관능]의 과잉이다.

그레마스Algirdas Greimas 14는 자신의 세미나 책 『의미에 관하여』 Du Sens 1권 서문에서, 해석의 과정을 기표에서 기의로 이행하는 무한한 어긋남slippage이라고 말한다. 이러한 무한한 어긋남(달리 말하면 미끄러짐, 부유)은 언어(과잉 운동으로서의 언어)의 정서적 측면의 친밀한 모호성에 근거한다.

우리는 사회적 소통의 영역에서 단어를 탈자동화하고 감각(언표행위의 특이성, 목소리)을 재활성화하는 과정을 작동시켜야 한다.

욕망은 괴물과 같다. 그것은 잔인하다. 그리고 재결합에 반대하는 능력과 불복종은 특이성의 가장 심오한 본성에 있다. 특이성은 해석이라는 제한된 질서를 따를 수는 없지만, 감각적 이해로서 의미의 무한한 모호성에 공감할 수 있다. 공감은 사회적 삶을 의미의 사막으로 만들고 있는 금융 동결과 기술-언어적 순응주의를 넘어서, 수많은 감각적 존재들의 지각에 열려있는 감수성이며, 자율적 타자-되기를 위한 조건이다.

시적 언어는 언표 영역에서의 지불거부이다. 그것은 의미론적 부채의 강제 징수를 거부한다. 자기지시Deixis는 언어를 색인화와 추

상적 개별화로 환원하는 것에 대항하며, 목소리는 언어의 재결합적
탈감각화에 저항한다.

1장

유럽의 붕괴

유럽의 붕괴

금융 블랙홀과 사라지는 세계

금융은 경제적 상징화의 가장 추상적인 층위이다. 그것은 자본주의적 산업화로 시작한 점진적 추상화 과정의 정점이다. 맑스는 그 구체적 유용성으로부터 인간 행위의 소원함distancing이 증가되었다는 의미에서 추상적 노동에 대해 말한다. 그의 말을 따르면, 자본주의는 가치의 축적이라는 보다 추상적인 목표를 달성하기 위한 수단으로서 인간의 기술들skills을 적용한 것이다. 그럼에도 불구하고 맑스가 분석한 산업화 시대에서 유용한 상품의 생산은 여전히 가치화valorization 과정 그 자체의 필수적 단계였다. 추상적 가치를 생산하기 위해 산업 자본가들은 유용한 물건들을 생산할 수밖에 없었다. 오늘날 기호-자본의 영역에서 이것은 더 이상 사실이 아니다. 금융 자본주의 세계에서 축적은 더 이상 상품의 생산을 경유하지 않으며, 화폐의 순수한 유통, 삶과 지성의 가상화virtualization1로부터 가치를 추출하면서, 금전적 목적으로 바로 간다.

금융화와 인간 소통의 가상화는 명백히 서로 얽혀있다. 교환의 디지털화 때문에 금융은 사물들을 상징들로 변형하면서 도처에 퍼져가는 사회적 바이러스로 바뀌어버렸다. 금융화의 상징적 소용돌이는 구체적 기술과 지식 그리고 물리적 사물들의 세계를 빨아들이고 삼켜버린다. 유럽인들의 구체적 부는 순수하게 파괴적인 금융의 블랙홀 속으로 사라지고 있다. 이 파괴로부터 어떠한 것도 생겨나지 않는다. 반면에 금융 계급은 일반 노동력과 일반 지성의 산물을 착취하고 있다.

장 보드리야르Jean Baudrillard는 계속 증가하는 미국의 국가적 부채를 대기권 위를 순회하는 미사일에 비유하기도 했다.

타임즈 스퀘어에 있는 전광판은 미국의 공적 부채를 보여주고 있는데, 초당 2만 달러의 비율로 증가하는 수조 달러의 천문학적 숫자다. 사실 그 빚은 결코 지불되지 않을 것이다. 일찍이 어떠한 빚도 지불된 적이 없다. 최후의 초읽기는 결코 발생하지 않을 것이다. 미국은 이미 실질적으로 빚을 지불할 능력이 없다. 그러나 어찌되었든 이것은 어떠한 중요한 결과도 낳지 않을 것이다. 이 사실상의 국가부도에 대한 최후의 심판은 없을 것이다. 브로드웨이에 있는 전광판을 보면, 상승하는 숫자들로 인해 우리는 부채가 성층권에 도달하기 위해 이륙한다는 인상을 받게 될 것이다. 이것은 간단히 말해서 우주에서 사라지는 은하계의 광년에 해당하는 숫자다. 빛에서 벗어나는 속도는 지구의 위성들의 속도와 똑같다. 그것이 바로 현실이다. 빛은 자신의 궤도 위를 순회한다. 자본으로 구성된 자신의 궤도에 맞추어. 이제부터 그것은 어떠한 경제적 우연성으로부터 자유롭고 평행 우주에서 여기저기를 떠돈다. (자본의 가속화는 생산, 가치 그리고 유용성이라는 일상적 우주와의 연루에서 돈을 무죄 방면해 주었다.) 부채는 심지어 궤도가 있는 우주도 아니다. 그것은 차라리 탈-궤도적, 탈-중심적, 탈-구심적ex-centric이다. 언젠가는 그것이 우리의 부채와 다시 만날지도 모른다는 매우 희박한 가능성만을 가진 채.(Baudrillard, 1996)

지난 몇 년 새 보드리야르의 예상과는 달리, 그가 매우 희박하다고 생각했던 그 가능성은 현실이 되었다. 부채가 지구로 귀환했다. 그리고 부채는 이제 최후의 약탈적 추상화의 조건으로 작동하고 있다. 삶은 형이상학적 부채를 상환하는 시간으로 변모했다. 삶, 지성, 즐거움, 숨쉬기 등의 인간성이 그 형이상학적 부채를 갚기 위해 희생될 것이다.

미래를 신뢰했던 세기의 마지막 수 십 년 동안, 신자유주의 도그마의 정치적 헤게모니가 표기한 보이지 않는 손은 언어 기계라는 전 지구적 기술에 깊숙이 각인되었고, 인류의 본질적 환경인 언어는 상호 연결된 자동화된 시스템으로 변해버렸다.

사회적 소통과 생산이라는 본질적 과정들은 인간의 지식과 통제의 능력을 벗어나버렸다. 대대적 파괴, 오염 그리고 빈곤화의 비가역적 경향들이 우리 시대의 지평을 나타내고 있다.

슬라보이 지젝Slavoj Žižek은 세계의 어떠한 종말도 눈에 보이지 않으며, 단지 우리가 상상할 수 없는 자본주의의 가능한 종말만이 보인다고 우리에게 환기시킨다. 지젝의 말이 옳을 수도 있다. 그러나 우리는 자본주의가 세계의 모든 물리적이고 상상적인 차원에 너무도 깊숙이 스며들어서 자본주의의 붕괴는 결과적으로 문명 자체의 종말에 이를 수도 있다는 만일의 사태에 대비해야 한다.

경제 금융화는 본질적으로 언어 기계에 의한 생산과 소통 과정을 포섭하는 과정으로 보일 수 있다. 경제는 비물질적인 기호의 흐름들로 공격을 받았고, 언어적 교환 과정으로 변형되었다. 동시에 언어는 디지털-금융 기계에 포획되었고, 정보처리적 부문들 operational segments의 재조합으로 변형되었다. 금융 연결망인 기술-언어적 기계는 살아있는 유기체로 작동하고 그것의 임무는 세계를 고갈시키는 것이다.

나는 시와 금융 간의 관계라는 기이한 관점으로부터 현재 진행 중인 소멸의 과정을 이해하고 싶다. 무엇이 시로 하여금 금융과 관계를 맺도록 하며, 무엇이 금융으로 하여금 시와 관계를 맺도록 하는가? 물론 아무것도 없다. 투자자들, 주주들, 그리고 은행들은 대개 너무도 바빠서 시에 시간을 소비할 여유가 없다. 시인들은 너무 가난하므로 주식 시장에 돈을 투자할 수 없다. 『황무지』The Waste Land를 쓰는 동안 로이드 은행에서 근무했던 토마스 엘리엇Thomas Stern Eliot처럼 예외들이 있기는 하지만 내가 말하려는 요점은 이것이 아니다.

여기서 내 요점은 말을 그것의 기호적 지시대상으로부터 떼어냈고, 돈을 경제적 상품들로부터 분리시켰던 탈영토화 효과와 관계가 있다.

(상징주의 시어와 의미의 일탈로 시작하는) 20세기 문학 연구의 주요한 줄기인 탈영토화 효과에 대해 생각해보자. 그러면 우리는 지난 세기의 마지막 30년 동안 일어났던 신자유주의적 규제철폐[완화]deregulation에서 통화주의의 추상적 규제철폐에 이르는 경제적 재편성과의 몇몇 유사점들을 발견하게 될 것이다.

정보기술이 생산했던 기술 혁명 때문에 시간과 가치 간의 관계에 작용한 규제는 철폐되었다. 동시에 기표의 지시적 지위에 근거한 의미의 존재론적 보증이 깨졌기 때문에, 기호와 사물 간의 관계는 모호해졌다.

"규제철폐"는 시인 아르뛰르 랭보가 처음 제안했던 용어다. 그리고 나중에 신자유주의 옹호자들이 은유로서 그것을 재활용하였다. 의미들과 단어들의 일탈은 후기 근대시의 영적靈的인 윤곽선이다. 단어들과 의미들은 재현, 지시 그리고 자연주의적 재생산의 틀에서 벗어나고자 했다. 그래서 단어들과 의미들은 기존의 현실을 재생산하거나 반영하기보다는 자신들만의 새로운 세계를 발명하기 시작했다.

신자유주의 이데올로기는 규제철폐와 자유를 숭배하는 것에 대한 똑같은 강조에서 시작한다.

문학의 규제철폐와 경제적 규제철폐가 서로 유사하다고 말하는 것은 물론 오해의 소지가 있지만 설득력이 있다.

신자유주의 이데올로기에서 규제철폐가 어떠한 종류의 규칙으로부터 사회적 분자들의 자유로운 탈주를 의미하는 것은 아니다. 신자유주의 이데올로기는 돈의 규제를 제외한 모든 규제로부터 그리고 가장 잔인한 경쟁의 규칙으로부터 사회적 활동을 해방시키는 것을 목적으로 한다.

이것이 나의 요점이다. 금융 자본주의는 정치적 통치government의 속박으로부터 사회적 행위를 구해내는 한편, 그것을 기술-언어적 협치governance에 종속시킨다.

협치는 세계 금융화 과정의 핵심어다.

의미 없는 순수한 기능성. 사고와 의지의 자동화.

살아있는 유기체들 간의 관계 속으로 추상적 연결들의 삽입.

선택들을 논리적 연쇄들에 기술적으로 종속시키기.

호환 가능한(호환 가능해진) 파편들(프랙탈fractal들2)의 재조합.

사회체 속으로 디지털 리듬들을 각인하기.

신자유주의적 용어로 규제철폐는 의식적 의지가 생산한 구속들로부터의 자유를 의미한다. 그러나 동시에 기술-언어적 자동기제들에 복종하는 것을 의미하기도 한다.

수식적 잔인함과 상징적 지불거부

인상주의 화가들처럼 상징주의 시인들 또한 다음과 같이 말했다. "나는 사물을 보여주고 싶지 않다. 나는 인상impression을 보여주고 싶다."

상징주의자들은 독자들이 지시대상을 망각할 것을 요구한다.

상징주의 시어는 사물을 재현하는 것을 의도하지 않으며, 상상력으로부터 세계를 환기시키는 것을 의도한다.

상징주의 시어는 현현顯現, 즉 허공에서 홀연히 나타난 유령처럼 기능한다. 나는 장미라고 말한다. 그러면 장미는 거기에 존재한다. 왜냐하면 그것이 재현된 지시대상이어서가 아니라 내 목소리[발화] 행위의 효과이기 때문이다. 그것은 기대의 화용론적pragmatic 3 전치轉置의 효과다. 상징주의 시에서 의미는 미리 존재하는 현실의 재현이나 지시대상과의 조응으로부터 나오는 것이 아니라 소리, 목소리, 리듬 등이 환기히는 힘에서 나온다.

20세기 들어 상징주의의 작동이었으며, 언어에 대한 시적·예술적 실험의 특징이었던 언어의 탈지시화 — 지시대상으로부터 언어 기호의 해방 — 는 그 세기 후반에 발생했던 경제와 화폐의 교환 간의 관계에서의 변형과 관련이 있다.

1972년, 리처드 닉슨Richard Nixon은 화폐 경제의 영역에서 "탈지시화"로 간주될 수 있는 어떤 일을 했다. 브레튼 우즈Bretton Woods 협정4을 파기하면서 닉슨 대통령은 달러화는 현실에서 어떠한 참조점도 갖지 않으며, 이제부터 그 가치는 하나의 표준이나 경제적 지시대상과의 조응이 아니라 언어 행위에 의해 결정될 것이라고 말했다.

닉슨의 결정은 경제 금융화의 시발점이 되었으며 그것은 인습적 표준과 경제 현실로부터 금융 동력의 해방에 기반을 두고 있었다.

우리는 시카고 보이즈Chicago Boys 5(시카고 대학에서 공부한 젊은 칠레 경제학자들을 지칭함)가 돈이 현실을 만든다고 결정했을 때, 화폐 가치에 대한 평가가 그 지시대상을 배제했을 때, 신자유주의

독재가 시작되었다고 말할 수 있다. 지시대상은 잊어라. 돈이 세상을 창조할 것이다. 이것이 신자유주의적 통화주의를 설립한 전능한 경제 권력의 오만한 선언이다.

경제가 사물의 생산을 다루는 것을 그칠 때, 그리고 오히려 화폐 유통으로부터 세계를 불러내기 시작할 때, 부채의 급격한 증가는 피할 수 없는 것이 된다.

신자유주의 이데올로기는 국가의 규제로부터 자본을 해방시키는 힘인 척 가장을 한다. 그러나 사실 그것은 생산과 사회적 삶을 언어의 수식화mathematization라는 가장 잔인한 규제에 종속시킨다.

부채 상환 논리에 의해서 체계적 궁핍화가 사회적 삶에 부과된다. 실제로 부채란 무엇인가? 그것은 피할 수 없는 형이상학적 필연인가? 아니다. 부채는 언어 행위, 즉 약속이다. 부채를 절대적 필연으로 변형시키는 것은 신자유주의라는 종교의 효과다. 신자유주의가 현재의 세계를 야만주의와 사회의 황폐화 쪽으로 이끌고 있다.

신자유주의적 독단주의의 전제는 사회적 삶을 금융 알고리듬의 수식적 의미들로 환원하는 것이다. 금융에 유리한 것은 사회에 유리한 것임에 틀림없다. 그리고 만일 사회가 이러한 동일시와 복종을 수용하지 않으면, 그것은 사회가 무능하고 어떠한 기술적 권위에 의해서 교정될 필요가 있음을 의미한다. 금융 권력이 골드만 삭스6 컨설턴트들 혹은 은행 자본가들을 — 가령 그리스의 파파데모스Papademous와 이탈리아의 마리오 몬띠Mario Monti와 같은 — 들어앉혔다. 그들은 통계, 알고리듬, 숫자들 같은 기술적 권위에 대한 필수적 복종에 뒤쳐져 있는 나라들의 확고한 지도자들이다. 그들은 수학에 대한 일반적 관심에 대해 생각하기를 원치 않거나 사회적 삶이 시장이라는 확실한 근거에 복종해야 한다고 믿는 자들이다.

사회적 삶의 수식적 완벽함을 복원하고, 우리가 은행에서 빌리는 무한한 빚을 갚기로 되어있는 긴축 정책의 집행을 민주적 절차들이 위태롭게 할 때, 민주주의는 중단된다. 민주적 절차에 따라 선출된 대통령 파판드레우Papandreou가 유럽 은행 시스템이 부과한 긴축 정책에 대한 국민투표를 요구했을 때 그리스에서 일어난 것처럼 말이다. 시장markets이 민주적으로 선출된 대통령을 몰아냈고 하룻밤 시이에 골드만 삭스 컨설턴트들이 그를 대신해서 들어섰다.

종종 "시장"the markets이라고 지칭되는 변덕스럽고 거만한 실체는 무엇인가?

시장은 기술-언어적 기계에 내장된 알고리듬들의 가장 깊은 곳에 있는 수학적 상호기능성의 가시적 표명이다. 시장은 살아있는 사회체의 운명을 바꾸고, 자원을 파괴하며 배수펌프처럼 집합적 신체의 에너지를 빨아들이는 문장들을 퍼뜨린다.

금융적 언표행위는 지표성 규칙을 준수하는 척한다. 기업, 은행 혹은 국가의 (신용) 등급을 올리거나 내리는 평가 기관들은 바로 그 기업, 은행, 국가의 실제 상황에 대한 지표로 작동하는 척 한다. 그들은 그 기업, 은행 혹은 국가의 미래에 대한 무언가를 예상하는 척 한다. 사실상 그들은 오히려 자기-충족적 예언을 말하는 것이다. 이 평가 기관들의 그릇된 예언적 언표행위는 실제로는 언표내적 행위illocutory 7(수행적 발화), 달리 말해 그 경제의 기술-언어적 함축에 종속된 사회적 소통이다.

현대 과학과 인식론은 금융 경제의 환원주의적 방법론과 총체적인 갈등관계에 있다.

유럽 주민들에게 부과된 재정형평성에 대한 신념은 철학적 오해에 근거를 두고 있다. 금융의 안정성을 옹호하는 자들은 사회체와 수학이 동일한 영역에 속한다고 생각을 한다. 그들의 생각은 틀렸다. 현실은 수학적이지 않으며, 수학은 현실의 법칙이 아니다. 왜냐하면 현실은 수학적이지 않으며, 수학은 현실의 법칙이 아니라 언어인데, 언어의 일관성은 삶의 다층적 일관성과는 관계가 없기 때문이다.

수학이 그 자체로 잔혹한 것은 아니다. 강제로 사회라는 살아있는 유기체 속으로 각인될 때, 수학은 잔혹한 것이 된다. 그리고 살아있는 사회체에 대한 이와 같은 잔혹한 수식화는 유럽의 최악의 진화를 예비하고 있다.

골드만 삭스 컨설턴트들, 유럽 중앙은행의 감독관들 혹은 독일의 수상을 나치들이라고 말하는 것은 터무니없는 말처럼 들릴 것이다. 그들은 가학적 살인마들처럼 보이지 않는다. 그러나 그들은 평화롭게 유럽의 주민을 수식적 노예제도에 예속시키기를 원하는데, 그것은 깔끔하고 매끈하고 완전하다.

이런 식으로 그들은 차가운 전체주의 형식을 수립하고 있으면서, 동시에 거대한 뜨거운 파시즘적 반동 형식을 준비하고 있다. 탈영토화된 금융독재의 추상적이고 냉정한 폭력은 유럽 사회의 반동적 신체에 대한 폭압적인 재영토화를 준비하고 있다. 민족, 인종, 소수민족 청소, 그리고 종교적 근본주의라는 문제가 그 현장에서 다시 출현하고 있는 것이다.

알고리듬 연쇄는 내적 인과성을 갖는다. 내적 인과성이란, 스스로 타당성을 갖는 (목적론적) 추상화 영역에서 인간 정신이 창출한 언어의 일관된 인과성이다. 금융이라는 종교가 알고리듬 연쇄의 일관성을 집합적 신체라는 사회적 현실 속으로 이전시키고 있다. 이것이 금융 포식자인 포스트부르주아의 경제적 이해관계와 부합하는 철학적 오해다.

타자-되기라는 신체적·사회적 과정의 불확실성에 수학적 인과성을 부과하는 것이야말로 가장 위험한 실수다. 그것은 이미 유럽의 많은 나라에서 진행되고 있는 새로운 형태의 파시즘의 탄생을 고무하는 것이다. 보다 많은 사람들이 인종차별 정서들을 향해 돌아설수록 우울, 좌절 그리고 자살의 물결이 그 대륙을 휩쓸게 된다. 사회적 소통을 금융 알고리듬 연쇄에 종속시키는 것은 상징적 부채의 부과로서 설명될 수 있다.

이러한 관점에서 볼 때, 잔혹한 수식적 엄밀함의 지배로부터 사회적 삶을 해방시키는 것이 시의 임무라고 말할 수 있다. 시는 언어의 과잉, 즉 상징적 부채에 맞서 지불을 거부하는 언명이기 때문이다.

디스토피아를 예언하는 시

시와 금융의 유사한[평행하는] 역사들을 거슬러 올라가면, 보드

리야르가 『상징적 교환과 죽음』(1976)이라는 세미나에서 적고 있
듯이, 그 역사들이 "부유하는 가치들의 하이퍼-리얼리티" 개념에서
출발했음을 알 수 있다.

상징주의에서 미래주의까지, 비트 세대와 플럭서스fluxus 8의 경
험에 이르기까지, 시인들은 전 지구적 경제와 일상적 삶의 경로를
예견하고 예언했다. 그것은 대개 광적인frantic 예견, 디스토피아적
예언들이었다. 시인들이 자본주의적 전지구화와 더불어 다가올 거
대한 탈영토화의 왜곡과 뒤틀림을 예감했던 것처럼 말이다.

윌리엄 버틀러 예이츠William Butler Yeats의 「예수의 재림」The Second
Coming을 생각해보라.

> 넓어져가는 원환 속을 순회하며
> 매는 제 주인의 소리를 듣지 못한다 ;
> 만물은 무너져 내리고 중심을 잡을 수 없다 ;
> 순전한 혼돈이 세상 위에 퍼지고
> 피로 물든 조수가 도처에서 흘러나와
> 순진한 예식이 물에 잠긴다 ;
> 가장 착한 사람들은 모든 확신을 잃고, 반면 가장 악한 사람들은
> 격정으로 가득 차 있다.

그리고 그는 말한다.

분명히 어떤 계시가 다가온다.

분명히 재림이 가까이 있다.

1919년에 쓰인 예이츠의 이 시에서 우리는 어떤 계시를 읽을 수 있는가?

그 의미와는 유리된 채, 중심은 유지될 수 없고, 만물은 무너져 내린다. 그 세기의 계시는 추상화와 허무주의라는 파괴적 소용돌이 다. 활동으로부터 노동을 추상해내고, 유용함으로부터 상품을 추상 해내고, 감각에서 시간을 추출해내는 것. 추상은 언어적 신체의 살 로부터 언어의 피부를 떼어냈다.

새로운 세기의 두 번째 십 년의 시작(2010년)부터, 규제가 풀린 약탈 자본주의는 지구와 사회적 삶의 미래를 파괴하고 있다. 시는 새로운 게임을 시작하려고 한다. 사회체를 재활성화하는 게임 말 이다.

유럽의 거리에서 그리고 지중해 근방 전역에서, 젊은이들은 자 신들의 시간과 지성을 야만적으로 착취하고, 사회적 삶을 황폐화시 키는 금융 추상화에 저항하는 반란을 하고 있다. 그들은 불안정한 세대다. 착취와 저임금을 수용할 수밖에 없고, 자신들의 교육을 위 한 필수적 자원을 빼앗기며, 부채의 제단 위에서 무의미한 희생을 끝없이 반복해야 하는 미래가 약속되어 있다. 그러나 동시에 그들 은 최초로 [인터넷 상에서] 연결된 세대이기도 하다. 최초의 인터넷 토박이들Internet natives. 그들은 어머니보다 기계로부터 더 많은 말을 배웠던 최초의 세대다. 그들은 신자유주의적 규칙의 끔찍한 결과들 에 대항해 항의할 뿐만 아니라 사물, 활동 그리고 사랑에 관한 새로운 의미를 탐구하고 있다.

금융 자본주의의 전 지구적 탈영토화는 불안정성, 심리적 유약
함 그리고 탈연대화를 파급시켰다. 따라서 현재의 불안정한 봉기는
기호-자본이 유발한 주기적 소란을 문제 삼고, 공유된 감정과 공명
할 수 없는 현재의 무능력을 극복하려고 시도한다.

상상력의 힘 그리고 유럽의 붕괴

결정적으로 중요했던 1933년에 쥘리엥 방다Julien Benda는 『유럽
국가에 고함』*Discours à la nation européenne*에서 다음과 같은 말을 남겼
다. "당신들은 당신의 존재 때문이 아니라 당신이 말할 것 때문에 유
럽을 만들 것입니다. 유럽은 당신의 존재의 산물이 아니라 당신 영
혼과 의지의 산물입니다. 왜냐하면 유럽인의 존재 같은 그러한 것
은 없기 때문입니다."

나는 방다의 말로부터 시작하고 싶다. 왜냐하면 나는 유럽다
움에 대해 말하고 싶기 때문이다. 무엇이 유럽인지, 무엇이 유럽
일 수 있는 지, 무엇이 유럽일 수 없는 지에 대해서 말이다. 나는
쥘리엥 방다의 유럽 민족[국가]에 대한 이 유명한 연설에서 시작하
고 싶다. 그러나 나는 그의 문장에서 하나의 단어를 바꾸고 싶다.
그는 유럽이 **영혼**spirit으로부터 나올 것이라고 말한다. 그러나 나는
그 단어를 **상상력**imagination으로 바꿀 것이다. 나는 상상력이라는 단
어를 매우 강한 의미로, 그리고 매우 정치적인 의미로 사용하려고

한다.

지난 세기 동안 유럽은 무엇이었는가? 무엇보다 유럽은 전쟁을 넘어서려는 기획이었다. 그것은 문화적·철학적 전쟁을 넘어서려는 기획, 보불 전쟁뿐만 아니라 동일성에 기초한 낭만주의와 계몽주의 간의 전쟁도 넘어서려는 기획이었다. 그래서 20세기 초에 유럽의 기획은 본질적으로 영혼, 의지 그리고 상상력의 기획이었다. 그 후 1970년대와 1980년대 유럽의 기획은 동양과 서양의 대립, 민주주의와 사회주의 사이의 대립을 극복하는 기획이 되었다. 그것은 유럽인의 상상력 안에 존재했던 기획이었다.

지금은 어떠한가? 이것이 내가 답하려고 시도하는 질문이다. 지금의 유럽은 무엇인가? 예를 들어 만일 우리가 앙겔라 메르켈9과 다른 유럽 정치가들의 연설을 듣는다면, 그들이 우익이든 좌익이든, 그것은 전혀 중요한 문제가 아니다. …… 유럽은 신자유주의 이데올로기를 강화하고 재개하는 독단적 기획이다. 신자유주의적 규제는 결국 유럽 사회의 빈곤함, 다시 말해 임금의 대폭삭감, 퇴임정년의 연기, 그리고 마침내는 일반 지성의 파괴, 황폐화, 해체라는 슬픈 기획으로 이어지고 만다.

이것이 오늘날 유럽의 주요한 기획이다. 집단 지성collective Intelligence의 파괴, 그것을 보다 따분한 방식으로 말하자면 대학을 파괴하고, 연구를 수익과 경제적 경쟁이라는 편협한 이해관계들로 종속시키는 것이다.

예를 들어 사람들은 가장 최근의 세대인 우리 학생들의 상황이 어떠한지를 알고 있다. 우리는 좋을 수도 있고, 나쁠 수도 있는 것들을 가르치고 있다. 그러나 결국 그들의 미래라는 관점에서 볼 때 그것들은 아무런 쓸모가 없다. 왜냐하면 우리 학생들에게는 미래가 없기 때문이다.

미래가 없다는 것, 이 말은 이미 후렴구처럼 반복적으로 사용되고 있지만, 우리는 이러한 문제로부터 출발을 해야 한다. 다시 말해서 사유의 조건으로서 이 명백한 지식 ─ 존재하지 않는 미래 ─ 으로부터 출발해야 한다. 미래라는 바로 그 가능성을 해체하는 것에서 시작한다면, 우리는 어쩔 수 없이 신자유주의의 독단적 재천명을 넘어서지 않을 수 없다.

오늘날 유럽에서의 철학적이고 정치적인 사유의 풍경, 소위 유럽의 고급문화를 보자. 그 풍경은 다소 어둡다.

나는 변증법적 사유의 영역에서 유럽이라는 존재의 탄생을 가능하게 했던 비판 이론에 뒤이어 1960년대와 1970년대에 철학적 논의가 무엇이었는지 기억하고 있다.

나는 들뢰즈와 가따리, 푸코, 데리다 그리고 장-프랑수와 리오따르의 시대인 1970년대와 1980년대에 프랑스 철학이 무엇이었는가를 기억하고 있다. 그들의 사유는 가능한 미래를 상상해보려는 시도였다. 그러나 한편으로 그것은 훨씬 더 중요한 무엇이기도 했다. 그것은 신자유주의적인, 자칭 규제철폐라는 다가올 미래에 대한 지도그리기였다.

예를 들어 나는 푸코의 훌륭한 저서, 『생명관리정치의 탄생』*The Birth of Biopolitics*[10]에 대해 생각한다. 그것은 아마도 세상의 풍경에서 무슨 일이 발생할 것인지에 대한 가장 계몽적이고 상상력이 풍부한 경고였는지도 모른다.

나는 또한 『안티 오이디푸스』와 『천 개의 고원』 그리고 보드리야르의 『상징적 교환과 죽음』 같은 책들에 대해 생각한다. 이 책들은 1970년대와 1980년대의 가장 중요한 책들이며, 우리는 그 책 모두를 다가올 신자유주의 혁명에 대해 경고하는 상상력으로 읽을 수 있다. 1970년대와 1980년대에 이러한 프랑스 철학자들의 저작은 다가올 디스토피아에 대한 지도그리기였다. 그것은 다가올 미래를 폭력과 궁핍의 어두운 시대로서 사유하는 하나의 방식이었다.

그리고 나는 1970년대와 1980년대 독일 철학의 풍경을 본다. 예를 들어 나는 하버마스Jurgen Habermas와 루만Niklas Luhmann의 논쟁에 대해 생각해본다. 이것 또한 유럽이 장차 무엇이 될 것인지에 대한 중요한 예상이었다.

한편으로는 하버마스주의자Habermaian의 대화적[소통적] 사회의 선하고, 어떤 의미에서는, 자비로운 생각, 소통의 예견된 이득, 민주주의에 기반 하는 소통의 기만적 환영. 다른 한편으로는, 미래를 대안이 없고, 가능한 유토피아도 없고 통제만이 존재하는 것으로 묘사했던 니클라스 루만의 현실주의적 고려. 이것은 선명한 논의였고 유럽의 미래에 대한 실제적이고 문제적 지평에 초점을 맞추고 있었다.

협치, 이 단어가 정치적 무념nonthought 11의 장을 전면적으로 침략했고 1970년대와 1980년대 루만에 의해 처음 제시되었고 해체되었다. 지난 수 십 년 동안 지배계급의 정치적 조작을 넘어서는 이 단어의 의미는 무엇인가? 내가 이해하는 한 협치라는 단어가 오늘날 많이 사용되고 있지만, 결코 정의되지 않았다는 사실이 우리 시대 정치적 실천의 총체적 빈곤함을 나타내는 징후이다. 루만의 관점에서 시작한다면, 우리는 협치가 사유의 자동화, 사회적 존재의 자동화임을 이해할 수 있다. 협치는 의미 없는 정보이며 불가피한 것의 지배이다.

협치 실천에서 경제적 도그마는 기술-언어적 자동기제로 변형된다. 이것이 그 정점에 있는 협치이다. 이런 의미에서 루만은 정치적 사유에서는 필립 K. 딕Philip K. Dick 12 같은 유형의 사람이었으며, 정치적 상상력에서는 자니 로튼Johnny Rotten 13과 닮았다. 자니는 미래 없음, 즉 다가올 그 어떤 미래도 없다고 얘기하고 있었다. 그런데 그것이 지금 여기의 상황이다.

1970년대와 1980년대의 정치적 사유가 미리 선언했고, 보여주었던 미래 없음이라는 이러한 의미에서 출발해보면, 우리는 현재 유럽이 꾸고 있는 악몽에서 무엇이 일어나고 있는지 이해할 수 있다.

그 사상가들은 상상하고 비판할 수 있었다. 그러나 지금은 어떠한가? 지금은 냉소가 정치 영역만큼이나 사유의 영역을 침범했다. 프랑스의 냉소적 사유가 갖는 슬픔을 보라. 파리의 지적 풍경이 어찌 되었는가를 생각해보라. 슬픔과 냉소의 기념비. 오늘날 파리에서는 사유가 저널리즘으로 바뀌었고, 유럽의 오만함이라는 환영을 연속적으로 반복하는 것으로 바뀌었다. 이러한 유럽의 오만함이 부시가 공언했고 블레어Blair, 사르코지Sarkozy, 아즈나르Aznar, 베를루스코니Berlusconi가 지원했던 무한한 전쟁과 금융 붕괴로 가는 길을 닦아 놓았다.

오늘날 파리에 거주하는 냉소적이고 정치에 무심한 사람들 nonthinkers이 독단, 폭력 그리고 인종차별, 빈곤함 그리고 금융독재의 심연으로 가는 길을 닦아 놓았다. 이른바 **신철학자들**nouveaux philosophes 14은 신자유주의적 파시즘과 전쟁으로 가는 길을 닦았던 독단적 언사들을 되풀이 할 뿐이다.

가능한 지성과 개방성의 빛은 철학에서 오는 것이 아니라, 예술에서 오는 것처럼 보인다.

내가 **예술**이라는 단어를 말할 때 내가 실제로 무엇을 말하고 있는지 확신할 수는 없다. 당신도 그럴 것이며 어느 누구도 [예술이] 정확히 무엇인지를 확신할 수 없다.

그러나 최근 설문조사에서 독일 젊은이들의 24~5%가 "장차 어른이 되면 무엇을 하고 싶은가?"는 질문에 "예술가가 되고 싶다"는 답을 했다. 그들은 마음속에 무엇을 그리고 있는가? 그들은 예술가가 된다는 것이 정확히 무엇을 의미한다고 생각하는가? 그들은 예술 시장의 풍요로운 가능성에 대해 생각하고 있는가? 글쎄. 그럴 수도 있을 것이다. 그렇지만 나는 그렇게 생각하지 않는다.

나는 예술가가 되는 것이 슬픈 미래, 불안정한 미래를 피할 수 있다고 생각하기 때문에 그들이 예술가가 되려 한다고 생각한다. 그들은 자신들의 신념을 접고, 자본주의의 미래에 대한 기대로부터 물러선다면, 슬픔과 불안정함이 그렇게 슬프거나 불안정한 것이 아닌 다른 무엇이 될 수도 있다고 생각한다. 나는 미래로부터 어떠한 것도 기대하고 싶지 않다. 따라서 나는 예술가로서 나의 미래를 시작한다.

예술이라는 단어는 어쩌면 이 문맥에서는 적절하지 않을 수도 있고, 내가 진정 말하려고 하는 것과도 어울리지 않을 수 있다. 나는 예술이라는 이름을 다소 쇄신rebranding하여 시[문학]poetry을 제안하고 싶다. 그 단어에 보다 주변적이고 광적인 이유가 있기 때문이기도 하지만……그 단어의 어원에는 새로운 가교를 만드는, 이를테면 현재 실제로 존재하지 않는 무언가를 만들고, 생산하고, 창조한다는 의미가 담겨있기 때문이다.15 이것이 시라는 단어가 갖는 의미다.

하지만 이것은 시라는 단어가 우리가 지금 진실로 필요로 하는 것, 즉 언어의 탈자동화와 관련이 있기 때문이기도 하다. 예술 － 시 － 이 잘못된 것을 바로잡는 가능성을 갖는 것은 중요한 문제다. 그 것은 언어의 자동화에 맞설 수 있다.

주지하다시피, 20세기 역사에서 나는 시[문학]과 금융 간의 강한 연계를 본다. 그리고 나는 다가올 시대에 시[문학]과 금융이 맺을 수 있는 가능한 관계를 본다.

지난 세기동안 시와 금융은 탈지시화, 지시적 의미의 상실, 지시하는 임무로부터 기호들의 분리 같은 공통적 운명을 공유했다. 시와 금융은 우연화aleatorization라는 공통적 운명도 공유했다. 상징주의 시대 이후 그리고 그 세기의 나머지 시기동안 시[문학]은 기호(단어)와 지시대상(현실)의 관계를 끊으려고 시도해왔다. 금융도 같은 일을 해오고 있다. 돈과 소위 실물 경제 간의 관계를 끊어버리기, 사물을 가치 있게 만드는 관계를 끊어버리기, 노동을 시간의 관점에서 가치 있는 것으로 만드는 관계를 끊어버리기. 그래서 자본주의의 금융화는 지시대상을 기각했고 망각했다. 그리고 지시대상이 있던 자리에 도그마를 창출했다. 이것이 크리스띠안 마라찌가 그의 최근 저서에서 설명했던 폭력의 도그마이다.

여전히 시간과 가치 사이 어떠한 관계도 가능하지 않은 시스템을 어떻게 규제할 수 있겠는가? 더 이상 기호와 의미, 기표와 기의 간의 관계가 없는 언어 체계를 어떻게 규제할 수 있겠는가?

그러한 관계를 규제할 수 있는 유일한 방법은 폭력뿐이다. 이것은 탈지시화, 우연화, 언어와 경제의 불안정화의 결과다.

그러나 주지하다시피, 언어는 점점 더 종속되면서 자동기제, 즉 기술-언어적 자동기제로 변형되었고, 금융은 이러한 종류의 언어 종속의 증거다.

그렇다면 지금 시는 무엇인가? 시는 유럽의 다가올 반란에서 무엇일 수 있는가? 시는 금융독재로부터의 해방을 위한 요구에서 무엇일 수 있는가?

내가 시에 대해 무언가를 말할 수 있다면, 나는 시가 단어의 탈자동화 과정이라고, 단어와 삶의 가능한 의미들을 재발견하는 과정이라고, 사회적 관계들, 생산, 지식의 가능한 의미들을 재발견하는 과정이라고 말할 것이다.

이것이야말로 내가 시를 유럽의 미래의 상상력을 위한 가능한 출발점으로 생각해보자고 말하는 이유다.

"독일의 노동자는 그리스 어부의 계산서를 지불하고 싶어 하지 않는다." 경제 근본주의를 광적으로 지지하는 사람들이 노동자들끼리 서로 싸우게 만들고 유럽을 내전의 상태로 몰아넣고 있다. 사회로부터 나오는 돈과 자원을 금융 계급에게 이전시키려는 그들의 끈질긴 노력에서, 신자유주의 선동가들은 기만과 조작을 행함에 주저함이 없었다. 그들의 반쪽짜리 진실과 허구는 전 지구적 미디어에 의해 "공통의 지식"으로 둔갑을 한다. 여기에는 신자유주의가 유럽 사회를 파괴하는 데 도움을 주는 약간의 조작들이 있다.

첫 번째 조작. 부자에게 감세를 함으로써 당신들의 일자리가 늘어날 것이다. 이것이 사실이라는 근거가 있는가? 그러한 논리는 이해하기 어렵다. 오히려 그와는 반대로 자본의 소유자들은 그들의 수익이 보장되는 한에서만 투자를 한다. 투자 계획에 미치는 조세의 어떠한 영향도 기껏해야 미미할 뿐더러 종종 부적절하기까지 하다. 따라서 국가는 더 많은 일자리를 창출하고 자원을 더 투자하기 위해 점진적으로 부자에 대해 세금을 늘려야 한다. 레이거노믹스의 개념적 토대인, 소위 래퍼 곡선Laffer Curve 16(부자에 대한 점진적 감세)은 지난 30년 동안 좌파와 우파 모두가 휘두른 입법적 계명legislative commandment으로 변해버린 추상적 쓰레기에 불과하다.

두 번째 조작. 은퇴 연령을 늦추면 젊은이들에게 일자리가 늘어날 것이다. 이것은 터무니없는 헛소리다. 논리적으로 나이든 노동자가 은퇴를 하면, 젊은이에게는 새로운 일자리가 늘어날 것이다. 그러나 나이든 노동자가 계약서에 명기된 것을 넘어 5년, 6년 혹은 7년을 추가적으로 일할 수밖에 없다면, 그 추가된 기간 동안 젊은이에게 그 일자리는 주어지지 않을 것이다. 간단한 삼단 논법이지 않은가. 그러나 지난 30년 동안 좌파와 우파 모두의 경제 정책은 젊은이들에게 고용 기회를 늘려주기 위해 나이든 노인들이 더 오래 일해야만 한다는 이 신비롭고 모순적 원리를 선호해왔다. 자본가들은 노인에게 연금을 주고 젊은이에게 임금을 주는 대신에, 정년을 훌쩍 넘긴 노인들에게 단일 호봉을single salary 주고 반면에 취업하지 못한 젊은이들을 어떠한 형태의 불안정하고 낮은 급료일지라도 수용하도록 협박해왔다.

세 번째 조작. 민영화와 시장 경쟁이 학교와 공공 업무의 질을 높이기 위한 최상의 보증이다. 거침없이 달려온 민영화의 30년 세월은 민간 부문이 내생적으로 질적인 면에서의 급격한 하락을 용이하게 한다는 점을 충분히 증명했다. 이것은 민간 부문이 공공의 이익을 증진시키는 것이 아니라 주로 수익을 증가시키는 데 관심이 있기 때문이다. 늘 그렇듯 질적 하락이 명백한 기능부전에까지 이를 때, 결과적으로 필수적 공공 서비스에 대한 손실은 사회화되고, 반면에 이익은 사적인 것으로 남게 된다.

네 번째 조작. 노동자들이 너무 많은 임금을 받고 있다. 우리는 자신의 재력을 넘어서 살고 있다. 보다 경쟁력을 갖추기 위해 노동자들에게 임금을 보다 적게 지불해야 한다. 지난 십년 우리는 수익이 급등하는 동안 우리의 실질 임금은 급격히 하락했음을 목격했다. 임금이 거의 노예의 수준과 노예의 조건에 머물고 있는 신흥 산업 국가들로 일자리를 이전하겠다고 성공적으로 협박함으로써 서구 노동자들의 임금은 자본가들의 생산 비용에 따라 심각하게 감소했다. 만일 빚이 아니었다면, 팔 수 없는 물건과 상품을 구입하도록 사람들을 꼬드기기 위해 모든 형태의 빚이 장려되었다. 이 모든 것이 사회적 작인作因의 형식들을 의존의 조건 속으로 밀어 넣는 문화적·정치적 과정을 유도했다. (빚은 죄의식과 그 결과로 일어나는 보상 충동을 가능하게 만드는 무의식 안에 있는 하나의 작인이다.) 동시에 빈번한 경제 버블의 "호황과 추락"의 순환들에서 보아온 것처럼, 전체 사회 시스템을 반복적인 붕괴에 노출시킴으로써 상처받기 쉽고 나약한 것으로 만들어 버렸다.

다섯 번째 조작. 인플레이션이 우리의 현저한 위험이다. 유럽 중앙은행은 어떠한 대가를 치루더라도 인플레이션을 막으려는 유일한 목적을 갖고 있다. 인플레이션은 무엇인가? 인플레이션은 화폐 가치의 하락 혹은 상품 가격의 상승을 의미한다. 실제로 인플레이션은 사회에 위험한 것일 수도 있다. 그러나 균형을 맞추는 메커니즘이 실행될 수도 있다. (가령 또 하나의 영광스런 신자유주의적 "개혁"이라는 이름하에 취소되었던, 1984년까지 이탈리아에서 사용되었던 슬라이드 제도17를 들 수 있겠다.) 사회적 삶에 진정 위험한 것은 디플레이션이다. 그것은 사회적 기계의 생산 잠재력의 축소와 후퇴로 이끈다. 자본의 소유자들은 자신들이 소유한 화폐의 가치가 줄어드는 것을 보느니, 오히려 경기 불황과 광범위한 사회적 빈곤을 유발하는 것을 선호한다. 유럽의 은행은 돈을 쉽게 찍어낼 수 있을 때, 마스트리흐트 협정의 제한 규칙들을 폐기하거나 사회에 숨 쉴 공간을 제공하거나 부를 재분배하기보다는 경기후퇴, 비참함, 실업, 가난, 야만주의 그리고 폭력을 창출하는 것을 선호한다. 인플레이션에 대한 인위적 두려움을 만들어내기 위해 (독일인들이 두려워하는) 1920년대 독일 인플레이션 주기cycle의 망령이 되살아난다. 마치 인플레이션 자체가 나치주의의 원인이었고, 당시의 독일과 국제 자본가들이 인플레이션을 관리하던 방식이 아닌 것처럼 말이다.

모든 것이 허물어지고 있다. 사태는 아주 분명하다. 금융 계급이 유럽 국가들에게 강요하는 대책은 "해결책"과는 정반대다. 그 대책들은 재앙의 효과와 규모를 증폭시킬 수 있을 뿐이다. 그것은 금융 "구제"라고 불린다. 그러나 그것은 즉각적인 불황을 유도하면서 임금을 삭감하고(미래 수요를 줄이고) 사회적 인프라에 대한 투자를 줄이고, 공공 교육을 파괴하고 현재와 미래의 생산 능력을 축소한다. 사건들이 그리스에서 전개된 방식은 이러한 사실들을 완벽히 증명하고 있다. 유럽의 금융 구제는 생산 능력을 파괴했고, 공적 구조를 민영화했고 사람들을 도덕적으로 해이하게 만들었다. 그리스의 국내 총생산은 한 해에만 7퍼센트까지 떨어졌고, 회복의 조짐은 전혀 보이지 않고 있다. 구제 대출금은 너무 높은 이율로 관리되고 있어서 그리스는 보다 심각한 부채의 나락 속으로 빠져들 수밖에 없으며, 점증하는 죄의식, 비참함 그리고 유럽에 대한 증오의 감정을 간신히 견디어낼 수 있을 뿐이다. 이제 그리스적 "구제"가 포르투갈, 아일랜드, 스페인, 이탈리아에 적용되고 있다. 그것의 유일한 결과는 이 나라들의 막대한 자원과 부가 지배적 금융 계급에게로 이전된다는 것이다. 긴축이 결핍을 줄이지는 못할 것이다. 그와 반대로 긴축은 생산과 부의 축소와 더불어 디플레이션으로 이어질 것이다. 유럽의 성채들이 무너질 수밖에 없는 정도까지 추가 부채와 그로 인한 대출을 야기하면서 말이다.

저항 운동이 준비되어야 한다. 2010년 12월 14일 로마, 아테네, 런던에서 구체적 형태를 띠고 나타났으며, 이듬해 5~6월 스페인의 야영 시위대와 영국 교외 지역에서 4일간의 분노의 시위로 나타났던 반란이 이제 유럽의 도시들을 가로지르고 있다. 반란은 곧 수개월 내에 확대되고 증식할 것이다. 그러나 그것은 사회적 해방의 순차적 과정도 아니며 가벼운 마음으로 할 수 있는 일도 아닐 것이다.

지난 30년간의 영속적 불안정화, 통제되지 않은 만연한 경쟁, 머독Murdoch 18과 베를루스코니 그리고 그들의 도를 넘어선 미디어 제국의 기호嗜好에 따라 통제되고 생산된 심리적 중독은 사회를 분열되고 파편화되고 취약한 것으로 만들었다. 다가올 반란은 종종 인종차별과 자멸적 폭력이라는 특징을 가질 것이며, 응원의 함성소리는 거의 들리지 않을 것이다. 이것은 신자유주의와 괘씸한 정치 좌파가 수 십 년 동안 노동에 대한 끝없는 확산과 파편화를 통해 사회를 종속시켰던 기나긴 탈연대화 과정의 불행한 결과다.

다가올 수 년 내에 우리는 소수민족ethnic 간 내전의 확산을 예상해볼 수 있다. 우리는 이미 영국 버밍엄에서의 폭력의 분출과 영국 반란의 뿌연 흙먼지 속에서 그것을 목격했다.19 어느 누구도 그 반란을 멈추게 할 수 없고 올바른 길로 안내할 수도 없다. 그것은 너무나 오랫동안 기가 꺾이고, 파편화된 채, 생기 없이 지내왔던 사회체socius 가 가지고 있는 에너지의 카오스적 재활성화로서 기능하게 될 것이다. 저항 운동의 임무는 삶에 의미와 자율을 부여함으로써 지식, 실존, 생존, 심리 치유의 자율적 구조(반란과 외연을 공유하는 방식으로)를 유발시키기보다는 창출하는 것이 될 것이다. 이것은 장구하고 잠재적으로 외상外傷적 과정일 것이다.

유럽은 다른 모습을 보여주기 위해서 마스트리흐트를 극복해야 한다. 부채와는 연을 끊어야 한다. 부채의 원인이며 그것을 살찌우는 대책들과도 연을 끊어야 한다. 마스트리흐트 체제의 몰락은 두려운 것이지만 피할 수 없는 것이다. 그것은 불가피하게도 민족주의와 폭력으로 가는 문을 열어놓게 될 것이다. 그러나 유럽은 더 이상 현 상태 그대로는 보호반을 수 없다. 저항 운동은 사회적 연대, 평등주의, 노동시간의 단축, 자본 대기업의 징발[몰수], 부채 청산 그리고 영토를 넘어선postterritorial 정치학의 구성을 위한 국경들의 폐지를 통해서 유럽 담론을 재분절해야 한다. 유럽은 마스트리흐트와 셴겐Schengen 조약20을 넘어 국제적인 것의 미래 형식을 수용해야 한다.

지불거부의 권리와 일반 지성의 능력을 해방할 권리

사회체의 재활성화를 위한 운동

유럽의 지배 계급은 미래의 관점에서 사고할 능력이 없는 것처럼 보인다. 그들은 자신들의 무능함에 경악하고 공황상태에 빠져서는, 이미 실패한 대책들을 강화하고 재차 확인하려고 시도한다.

유럽의 붕괴는 자본주의의 고민을 드러낸다. 그 체계의 유연함은 끝장이 났고, 어떠한 여유margins도 남아있지 않다. 만일 사회가 은행들의 빚을 갚아야 한다면, 수요는 줄어들 수밖에 없고, 수요가 줄어들면 성장은 이루어지지 않을 것이다.

오늘날 지배 계급의 광적인 행동에서 일관된 기획을 보는 것은 쉽지 않다. "미래 없음"의 문화가 자본주의 두뇌를 장악했고, 이러한 자본주의적 허무주의의 기원을 전 지구적 금융 자본주의에 내재하는 탈영토화 효과에서 발견할 수 있다. 마치 경제 권력이 더 이상 물리적 사물의 소유에 기반을 두지 않는 것과 마찬가지로, 자본과 사회 간의 관계는 탈영토화된다. 부르주아는 죽었고 새로운 금융 계급은 가상적 존재를 갖는다. 그것은 파편화되고, 산종散種되어 있는 몰개성적 존재다.

한때 근대 유럽의 경제 분야를 통제했던 부르주아는 강하게 영토화된 계급이었고, 물질적 자산과 연결되어 있었다. 그들은 영토와 공동체와의 관계없이는 살아남을 수 없었을 것이다. 유럽 정치 기계의 고삐를 쥐고 있는 금융 계급은 영토나 물질적 생산에는 어떠한 애착도 갖고 있지 않다. 왜냐하면 금융계급의 권력과 부는 디지털 금융의 총체적 추상화 위에 세워졌기 때문이다. 이 디지털-금융의 과잉추상화hyperabstraction는 노동자 공동체라는 사회체와 지구라는 살아있는 신체를 팔아치운다.

그것이 지속될 수 있겠는가? 그리스 위기 이후 생겨난 유럽 이사회는, 여론과의 어떠한 협의도 없이, 2011년 채무불이행default으로 향해가는 국가들의 경제 결정에 대한 독점적 권리를 확언했다. 그것은 효과적으로 의회의 권한을 빼앗고, 유럽연합 민주주의를 내몰고는 그 자리에 거대 은행들이 방향을 제시하는 사업 집행부를 들어앉혔다. ECB-IMF-EU 이사회는 유럽연합EU 가입국들이 공공부문 임금의 감축, 모든 교사들의 3분의 1을 해고하는 과정에 순응하는 것을 보장하는 자동기제 체계를 부과할 수 있을까? 이러한 사물의 질서는 무한히 지속될 수 없다. 유럽연합의 붕괴는 그리스의 고통에서 이미 드러나고 있는 빚-물가하락-경기후퇴-더 많은 빚이라는 소용돌이의 도착점이 될 것이다.

집단 지성이 사회체로부터 제거되었을 때, 사회는 둔감한 반응을 보였으며, 그 사회체는 완전히 종속된 채 우울증에 걸렸다. 그후 2010년 말에 시위와 폭동의 물결이 학교와 대학에서 폭발했다. 그리고 이제 그 파고가 도처에서 높아지고 있다. 그러나 항의, 시위 그리고 폭동은 유럽연합의 정치학에 어떠한 변화도 강요할 수 없는 것처럼 보인다. 그 이유를 이해해보자. 그리고 그 운동을 위한 새로운 정치적 전략과 새로운 행동의 방법론을 찾도록 시도해보자.

시위운동은 지난 해(2011년) 계속 증식되었다. 런던에서 로마까지, 아테네에서 뉴욕까지, 아랍 세계를 (더 좋은 방향으로든 더 나쁜 방향으로든) 변화시키고 있는 최근 격변의 일원이었던 북아프리카의 불안정한 노동자들은 말할 것도 없다. 이 시위운동이 겨냥하고 있는 것은 금융 권력이며, 금융이 사회에 가한 타격의 효과들에 반대하려고 한다. 문제는 평화적 시위와 항의가 유럽 중앙은행의 의제를 바꿀 수 없었다는 점이다. 유럽 국가의 의회들이 마스트리흐트 규칙, 즉 유럽연합의 물질적 구성요소로서 작동하는 금융 자동기제의 인질들이기 때문이다. 평화적 시위는 민주주의 틀 내에서는 효과적이지만, 민주주의는 끝장이 났고 이제 기술-금융 자동기제가 정치적 결정을 내리는 권좌를 꿰찼다.

폭력이 여기저기서 분출하고 있다. 영국 교외 지역에서의 분노의 나흘 밤과 로마와 아테네의 폭력적인 난동은 사회적 항의가 언제든 공격적으로 전화轉化되는 것이 가능함을 보여주었다. 그러나 폭력 또한 사물의 운행과정을 바꾸기에는 적합하지 않다. 은행을 불태우는 것은 전적으로 쓸모없는 일이다. 금융 권력은 물리적 건물에 있지 않으며 숫자들, 알고리듬들, 그리고 정보 간의 추상적 연결에 있기 때문이다. 따라서 우리가 현재의 권력 형식에 맞설 수 있는 행동의 형식을 발견하려면, 우리는 인지 노동이 금융 투기를 가능하게 하는 기술-언어적 자동기제를 창출하는 주요한 생산력임을 이해하는 데서 출발해야 한다. 위키리크스Wikileaks 21의 예들을 따라 우리는 우리 모두를 노예화하는 기술-언어적 자동기제를 해체하고 다시 쓰는 장기-지속의 과정을 조직해야 한다.

사회적 주체성은 금융 공격을 배경으로 할 때 약하고 파편화되어 있는 것처럼 보인다. 노동 불안정과 경쟁의 30년 세월이 사회적 연대라는 직물을 위태롭게 만들었고 시간과 상품과 호흡을 공유하는 노동자들의 심적 능력을 약화시켰다. 사회적 소통의 가상화 virtualization가 인간 신체들 간의 감정이입을 잠식했다.

연대의 문제는 언제나 투쟁과 사회 변혁의 모든 과정에서 결정적으로 중요했다. 자율은 일상적 삶을 공유하는 능력, 다시 말해 나에게 유리한 것이 너에게도 유리하고, 너에게 불리한 것은 나에게도 불리하다는 사실을 깨닫는 능력에 기반을 두고 있다. 이제 연대를 구축하는 일은 어렵게 되었다. 노동이 재결합 가능한 시간-세포들의 확산으로 변형되었고, 그 결과 주체화 과정은 파편적이고, 감정이입이 되지 않으며, 약해졌기 때문이다.

연대는 이타적 자기-부정과는 아무런 관계가 없다. 유물론적 용어로 연대는 당신에 대한 것이 아니라 나에 대한 것이다. 사랑과 마찬가지로 연대는 이타주의에 관한 것이 아니다. 그것은 타자의 공간과 숨결을 공유하는 즐거움에 관한 것이다. 사랑은 당신의 존재와 당신의 시선 덕분에 나 자신을 즐길 수 있는 능력이다. 이것이 바로 연대다. 연대는 사회체들의 영토적 인접성에 기반을 두기 때문에, 시간의 파편들 사이에서는 연대를 세울 수 없다.

나는 영국의 폭동과 이탈리아의 반란 그리고 스페인의 야영 시위대가 중요한 혁명의 형식으로 간주되어야 한다고 생각하지 않는다. 왜냐하면 그것들은 실제로 권력의 심장부를 타격할 수 없기 때문이다. 그것들은 사회체의 심리-정서적 재활성의 형식들로 이해되어야 한다. 그것들은 사회체와 일반 지성 간의 살아있는 관계를 활성화하기 위한 시도들로 간주되어야 한다. 일반 지성이 사회체와 다시 연결될 수 있을 때에만, 우리는 금융 자본주의의 지배로부터 진정한 자율화 과정을 시작할 수 있을 것이다.

지불거부의 권리

새로운 개념이 혼미한 현재 상황으로부터 피어오른다. 지불거부의 권리가 그것이다. 우리는 그 빚을 갚지 않을 것이다.

유럽 국가들은 부채라는 협박을 어쩔 수 없이 수용해왔다. 그러나 사람들은 자신들에게 책임이 없는 빚을 갚아야 한다는 생각을 거부하고 있다.

인류학자 데이비드 그레이버David Graeber는 자신의 책 『부채 : 그 첫 5000년』 *Debt : The First 5000 years*, 2011 22에서 그리고 철학자 마우리찌오 라짜라토Maurizio Lazzarato는 『빚쟁이 공장』 *La Fabrique de l'homme endetté*, 2011 23에서 부채의 개념과 이 개념이 실어 나르는 죄의식에 대한 심적 함축의 문화적 기원에 관한 흥미로운 통찰을 개진했다.

부가적으로 「되풀이되는 꿈들 — 파시즘의 붉은 심장」 Returning Dreams-The Red Heart of Fascism이라는 논문에서 영국과 이탈리아에서 활동하는 젊은 사상가 페데리코 캄파냐는 베르사이유 회의24 이후의 시절과 빚에 쪼들리는 현재 사이의 유사성에 초점을 맞춘다.

지난번 그가 태어나는 데에는 수십 년의 시간이 걸렸다. 처음에 그것은 전쟁이었고 일단 전쟁이 끝나자, 그 다음에는 부채와 그것이 수반하는 모든 구속들ties이었다. 산업화와 근대의 시대였고 모든 것이 대량으로 왔다. 대량 빈곤, 대량 실업, 과잉-인플레이션, 과잉-파퓰리즘. 국가들은 맑스주의자들이 과거 "모순"이라고 부른 것의 무게에 눌려 삐걱대고 있었다. 반면 자본가들은 실크해트top-hats 25 챙에 매달려 있었고, 모두가 하늘이 지상으로 내려오기만을 기다리고 있었다. 하늘이 떨어지자 그것을 따라 그들도 자신들의 고층 빌딩과 사무실 건물로부터 열 댓 명씩 자신의 몸을 내던졌다. 대기는 열광적이었고, 광장은 사람들로 가득 채워졌으며, 나무들은 시위용 플래카드와

몽둥이가 되었다. 때는 양차 대전 사이의 시기였고, 사회체의 깊은 곳에서 나치주의는 여전히 몸을 숨긴 채, 태아처럼 조용히 유동적으로 자라나고 있었다.

이번에는 모든 것이 지난번과 거의 동일한 방식으로 발생하고 있다. 마치 되풀이 되는 꿈에서 일어나는 것처럼 말이다. 단지 약간의 시차가 있을 뿐이다. 다시 한 번 세계 권력의 균형이 이동하고 있다. 구 제국이 우울하게 무너지고 있다. 그리고 새로운 권력들이 경주에서 정상을 향해 돌진하고 있다. 이전과 마찬가지로 그들의 탄탄한 괴성은 근대성의 강력한 외침이다. 성장하라! 성장하라! 성장하라! 그들의 군대는 강력하고 그들의 치아는 윤이 나며 그들의 희망은 잔인하며, 순수하다. 젊은이들이 즐겨듣는 음악을 듣는 노인들처럼, 낡은 권력들은 두려움에 찬 눈길로 그들을 바라보며, 이해할 수 없는 그들의 언어에 귀를 기울인다. (Gampagna, 2011)

부채에 대한 부담이 미래에 대한 유럽의 상상력에서 떠나지 않고 맴돌고 있다. 그리고 한때 번영과 평화를 약속했던 유럽연합은 협박과 갈취하는 기구로 변해가고 있다.

이에 대응해서 그 운동은 다음의 구호를 말하기 시작했다. **우리는 그 빚을 갚지 않겠다.** 구호는 바로 지금 기만적이다. 왜냐하면 실상 우리는 이미 그 빚을 갚고 있기 때문이다. 교육 시스템은 이미 재정 지원을 받지 못해서 민영화되었고, 일자리들은 제거되었으니까 말이다. 그러나 이 구호가 빚의 자의성과 도덕적 위법에 대한 자각을 창출함으로써 빚에 대한 사회적 인식을 바꾸어야 한다.

지불거부의 권리는 철학적 함의들로 가득한, 새로운 주요한 어구와 개념으로 떠오르고 있다. 지불거부 개념은 은행 빚을 갚는 것을 거부할 뿐만 아니라, 더 절묘한 방식으로, 사회적 힘들의 살아있는 능력을 경제적 코드의 형식적 지배에 종속시키는 것에 대한 거부를 암시하기도 한다.

지불거부 권리의 요구는 자본주의 형식(게슈탈트gestalt)과 사회적 힘들의 구체적 생산 능력, 특히 일반 지성 능력과의 관계를 근본적으로 문제 삼는 것이다. 자본주의 형식은 일련의 경제 규칙들과 기능들뿐만 아니라 특정한 일련의 한계들, 심리적 자동기제, 순응을 위한 규칙들의 내면화이기도 하다.

잠시 동안 유럽의 삶의 전체적 금융 기호화가 사라진다고 생각해보라. 갑자기 우리가 돈과 부채라는 관점에서 일상적 삶을 조직하는 것을 그만 둔다고 상상해보라. 사회의 구체적이고 유용한 잠재성, 우리 지식의 내용물, 우리의 생산 능력과 기술에 어떠한 변화도 일어나지 않을 것이다.

우리는 무엇보다도 일상적 삶을 지배하는 심적 자동기제로서 의도된 자본주의적 형식으로부터 일반 지성의 살아있는 잠재력을 해방시키는 것을 상상해야 한다. (그리고 그 필연적 결과로서 조직해야 한다.)

지불거부는 사회적 능력과 풍요함의 기호화이고, 실제적 삶의 변환transliteration인 자본주의 경제 코드를 부인하는 것을 의미한다.

사회체의 구체적이고 유용한 생산력은 아무런 대가 없이 빈곤을 수용하도록 강요받는다. 생산적 노동의 구체적 힘은 실패한 금융 시스템에 대한 재융자[구제금융]라는 비생산적이고 실제로 파괴적인 임무에 종속된다.

역설적으로 우리가 이러한 금융 기호화의 모든 표지를 취소하더라도, 사회적 기계 안에서는 어떠한 변화도 일어나지 않을 것이며, 구상하고 수행하는 우리의 지적 능력에 어떠한 변화도 일어나지 않을 것이다.

코뮤니즘이 미래의 자궁으로부터 호출될 필요는 없다. 그것은 지금 여기에, 우리 존재에, 공통 지식의 내재적 삶 속에 있다.

그러나 현재 상황은 들뜨게 하면서 동시에 절망적이라는 의미에서 역설적이다. 자본주의가 그 최후의 붕괴 지점에 이처럼 근접해본 적이 없었고, 동시에 사회적 연대가 우리의 일상 경험으로부터 이처럼 멀리 떨어진 적도 없었다는 의미에서다. 우리는 존재하는 것으로부터 가능한 것을 풀어주는 포스트정치적이고 포스트혁명적 과정을 구축하기 위해 이러한 역설에서 시작해야 한다.

고갈 : 유럽 봉기를 위한 노쇠한 유토피아

수식의 잔혹함

많은 지식인들 중에서도 위르겐 하버마스와 자끄 데리다Jacques Derrida 같은 지식인들은 지금껏 다음의 구절을 반복적으로 강조해왔다. "우리는 유럽연합의 수준에서 통합된 정치적 결정을 위한 기구를 만들 필요가 있다."

그리스 위기의 여파에서 유럽연합에 찬성하는 지식인들은 그들이 요구해 온 것을 얻어 낸 것으로 보인다. 유로라는 실체entity는 정치적 결정 행위와 엄밀한 복종을 강요하는 일종의 정치적 이사회에 종속되었다. 그러나 불행히도 정치는 금융만이 유럽연합의 진정한 지도력이라는 평가를 얻어 내기 위해서만 주도권을 발휘했다.

유럽 사회에 대한 금융 지배의 정치적 강제력은 지금까지 유럽 비극의 이러한 초기 단계의 결과물이었다.

복지국가 제도들이 30년 동안 공격을 받아 왔다. 완전 고용, 노동 권리들, 사회적 안전, 퇴직, 공교육, 공공 운수, 이 모든 것들이 줄어들었고, 악화되었고 혹은 망가져 버렸다. 신자유주의적 열정의 30년 세월이 지난 후 붕괴가 발생했다.

다음에는 무슨 일이 일어날까? 지배 계급은 퉁명스럽게 답한다. 똑같은 일이 더 많이 일어날 것이라고. 공무원들의 임금은 대폭 삭감될 것이고, 은퇴 연령은 대폭 연장될 것이며, 사회적 필요 혹은 노동자들의 권리 따위에는 어떠한 관심도 없다고 말이다.

대처Thatcher는 30년 전에 다음과 같이 말했다. 사회와 같은 그런 것은 없다고. 오늘날 그 소리가 자기-충족적 예언처럼 메아리치고 있다. 사회는 사실 녹아내리면서 만인에 대한 만인들 간의 투쟁이 벌어지는 하나의 정글로 변해가고 있다. 그리스 위기 이후 통화주의 도그마가 강화되었다. 마치 더 많은 독이 해독제로 기능할 수 있는 것처럼 말이다. 수요를 줄이는 것은 경기 불황으로 이어질 것이며, 그 유일한 결과는 금융 계급의 수중으로의 심각한 자본의 집중과 심화된 노동의 빈곤이 될 것이다.

그리스 금융 위기 이후 비상 규칙이 선포되었다. 자기 말만 주장하는 이사회, 메르켈-사르코지-트리셰Trichet 26는 긴축 정책을 부과했다. 그리고 이제 그것을 다른 유럽 정부들에게 부과하려고 한다. 금융 시스템을 구하기 위해 이처럼 자기 말만 주장하는 이사회가 사회로부터 은행들로 자원을 빼돌리고 있다. 그리고 신자유주의가 실패한 철학을 다시 확언하기 위해 사회적 투자는 감소하고, 임금은 낮추어지고, 은퇴정년은 연기되고, 젊은이들의 노동은 불안정해졌다.

(경쟁과 성장이라는) 그 긴요함에 굴복하지 않을 사람들은 그 게임에서 배제될 것이다. 그 게임에 남아있고 싶은 사람들은 그 긴요함이 요구할 어떠한 처벌, 어떠한 금욕, 어떠한 고통도 감수해야 할 것이다. 우리가 전적으로 그 게임의 일부여야 한다고 어느 누가 말했는가?

신자유주의 정치의 붕괴의 효과는 지금까지는 신자유주의 그 자체의 확증과 공고화였다. 미국 금융 시스템의 붕괴 이후 모든 사람이 자본 집중의 포기나 최소한 약화를 기대하고 있었다. 그리고 수익 재분배 과정은 수요를 늘리기 위해 가능한 것으로 보였다. [그러나] 이와 같은 일은 일어나지 않았다. 케인즈Keynes적 접근 방식은 심지어 검토되지도 않았고, 폴 크루그먼Paul Krugman 27만이 아무도 듣고 싶지 않은 이치에 맞는 말들을 반복하기 위해 홀로 남겨졌다.

그 위기 덕분에 미국 사회가 거대 금융의 이익을 위해 강탈당했다. 그리고 이제 유럽이 수식적 잔혹함으로 동일한 역학을 따르고 있는 중이다.

이처럼 정신 줄 놓은 경주를 멈출 가능성이 있는가?

사회적 분노의 폭발은 가능하다. 왜냐하면 일상적 삶의 조건들이 곧 참을 수 없을 정도로 악화될 것이기 때문이다. 그러나 노동 불안정과 사회적 연대의 해체는 끔찍한 결과로 가는 길을 열 수도 있다. 대륙적 규모에서 인종 간 내전과 유럽연합의 해체는 유럽 국가들의 최악의 감정을 풀어놓게 될지도 모른다.

파리, 런던, 바르셀로나 그리고 로마에서 거대한 시위가 제한적 대책들에 반대하며 분출했다. 그러나 이 운동은 사회적 삶을 짓누르는 호전적인 재앙의 화물열차를 멈추게 할 수 없을 것이다. 왜냐하면 유럽연합은 민주주의가 아니라 오히려 정치를 확고한 결정들에 종속시키는 금융독재이기 때문이다.

평화적 시위는 사태의 진행과정을 변화시킬 수 없다. 그리고 예상할 수 있는 폭력적 폭발은 국가의 억압적 무력에 의해 이용될 것이다. 사회적 인식과 삶의 양식에서의 심각한 변화가 일어날 것이고, 사회의 각 부분이 경제 분야에서 점차 퇴각할 것이며, 노동과 소비라는 그 게임에 참여하는 것을 멈출 것이다. 이 사람들은 개인적 소비라는 대본[주어진 대로 읽고 행동해야 하는 원고]script을 버리고 새로운 대본을 취할 것이다. 공동거주라는 새롭고 향상된 형식을 창조하라. 대도시에서 마을 경제를 수립하라. 시장 경제 영역에서 퇴각하라. 그리고 공동체 화폐를 만들어라.

탐욕 ― 정신병적 강박 ― 에 사로잡히지 않는다면, 인간이 원하는 것이란 가능한 즐겁게 오랫동안 살고, 건강을 유지하며, 사랑을 나누는 데 필요한 것만을 소비하는 것이다. "문명"이란 우리가 그러한 삶의 방식의 추구를 가능하게 했던 모든 정치적·도덕적 가치에 부여한 점잔을 빼는 이름이다.

금융 도그마는 다음의 문장을 진술한다. 만일 우리가 참여했던 은행과 주식시장에서 겨루었던 게임에 계속 참여하고 싶다면, 우리는 즐겁고 조용한 삶을 박탈당해야 한다고. 우리는 문명을 박탈당해야 한다. 그러나 왜 우리가 이러한 교환을 받아들여야 하는가? 유럽의 부富는 국제 시장에 대한 유로화의 안정성 혹은 수익을 셈할 수 있는 경영진의 능력에 기반하고 있지 않다. 유럽은 부유하다. 왜냐하면 수백만 명의 지식인들, 과학자들, 기술자들, 의사들 그리고 시인들과 수 세기 동안 기술적 지식을 개발해왔던 수백만 명의 노동자들을 가지고 있기 때문이다. 유럽은 부유하다. 왜냐하면 역사적으로 볼 때 유럽은 단순한 경쟁이 아니라 능력을 평가하는 데 성공했으며, 외부로부터의 문화를 받아들이고 통합하는 데 성공해왔기 때문이다. 유럽은 또한 부유하다. 나는 이 말을 꼭 해야 하겠는데 왜냐하면 4세기 동안 다른 대륙의 물리적이고 인간적 자원을 사납게 착취해왔기 때문이다.

우리는 무언가를 몰수당해야 한다. 그러나 정확히 무엇을 말인가?

확실히 우리는 대기업이 우리에게 부과한 과소비를 손에서 놓아야 한다. 그러나 이러한 과소비의 포기는 휴머니즘, 계몽주의 그리고 사회주의 전통에 의해서는 아니고, 자유, 시민권, 그리고 복지의 이상에 의해서도 아니다. 그리고 나는 우리가 과거의 원칙들에 달라붙어 있어야 한다고 믿기 때문이 아니라 이러한 원칙들이 점잖게 사는 것을 가능하게 만들기 때문에 이 말을 하는 것이다.

우리에게 열려있는 전망은 혁명이 아니다. 혁명 개념은 더 이상 어떠한 것과도 어울리지 않는다. 왜냐하면 그것은 현대 사회의 복잡성을 지배하는 정치적 의지라는 과장된 개념을 수반하기 때문이다. 우리의 전망은 패러다임의 이동이다. 생산 증가, 이윤 그리고 축적을 중심으로 하는 것이 아닌 집단 지성이 갖는 힘의 충분한 전개를 중심으로 하는 새로운 패러다임으로의 이동 말이다.

유럽의 미학

유럽연합의 미학은 정의상 무척 냉혹하다.

유럽연합은 2차 세계대전의 여파 속에서, 우리의 해묵은 민족주의적·이데올로기적 열정을 기억에서 지우는 것을 목표로 하여 태어났다. 바로 여기에 유럽연합의 진보적·실용적 본성이 있다. 낭만주의를 잊어버리는 것이 유럽연합의 지상 명령이다.

그러나 최근에 유럽연합의 이 토대적이고 반ᴿ신화적 신화가 모호해지고, 혼돈스럽고, 망각된 것처럼 보인다. 왜냐하면 함께 있기[공존]에 대한 그 시큰둥한 인식은 번영이라는 조건에서만 가능했기 때문이다. 유럽연합이 증가하는 소비 수준을 보증할 수 있었던 한에서, 통화주의 규칙이 경제 성장을 지원했던 한에서 유럽연합은 존재할 수 있었다. 지금은 어떠한가?

유럽연합은 사실상 유럽 중앙은행이라는 독재적 유기체가 통제하는 허구적 민주주의다. 미국의 연방 준비제도가 공식적으로 물가

안정과 완전 고용에 헌신하는 동안, 유럽 중앙은행 헌장은 단지 하나의 목표, 즉 인플레이션과의 전쟁만을 선언한다. 오늘날 이 목표는 무의미한데 왜냐하면 디플레이션이 지배적 경향이기 때문이다.

시민들은 유럽 중앙은행의 정치에 영향을 미치기 위해 어떠한 일도 할 수 없다. 그 은행이 정치적 권위에 별 반응을 보이지 않기 때문이다. 이것이 유럽 시민들이 유럽 선거들의 멍청함을 잘 알고 있었던 이유이다. 미래에 그들은 유럽연합을 그들의 적으로 간주하게 될 수도 있다.

사회 운동들은 문화적 이행을 위한 신화를 상상하면서 그 풍경을 변화시키려고 시도해야 한다. 우리는 유럽 역사의 토대가 되는 신화에 초점을 맞추어야 한다. 에너지[활력]의 신화 말이다. 근대 문화와 정치적 상상력은 젊음의 미덕을 강조해왔다. 젊은이들의 열정, 에너지, 공격성 그리고 성장이라는 미덕 말이다. 자본주의는 물리적 에너지를 착취하는 것에 그 토대를 두고 있다. 그리고 기호-자본주의는 사회의 신경성 에너지를 붕괴 직전까지 억눌렀다.

고갈이라는 개념은 언제나 근대성 담론(낭만적 질풍노도, 불멸을 향한 파우스트적 충동, 경제 성장과 수익을 향한 끝없는 목마름)에 대한 저주였다. 유기체가 갖는 한계들은 부인되었고 잊혀졌다. 지구라는 유기적 신체 그리고 인간의 삶에 내재하는 엔트로피는 무시되고 감추어지고 따로 떼어졌다.

젊음에 대한 낭만적 숭배는 민족주의의 문화적 원천이다. 낭만주의 시기 동안 유럽은 위대한 동양의 문명을 정복함으로써 정치적 헤게모니를 안전하게 했던 신생 문명이었다. 우리는 18세기 말 인도와 중국이 세계 총 생산의 7퍼센트를 책임지고 있었다는 사실을 잊지 말아야 한다. 그들의 쇠락은 지배하는 유럽의 상승과 분리할 수 없다.

식민 시대에 민족주의는 영국과 프랑스 같은 식민주의 제국들의 문화적 조건이었다. 그러나 20세기로 전환할 무렵, 민족주의는 하나의 대응 형식으로 다시 모습을 드러냈고 (이탈리아, 일본, 독일 같은) 신생 국가들은 자신의 정체성을 표현하기 시작했다. 반면 (러시아, 호주, 오토만 같은) 구 제국들은 붕괴를 향해 가고 있었다.

민족주의는 또한 문화적·경제적 수준에서, 젊은 세대에 어울리는 자기-긍정의 형태를 취할 수 있다. 이탈리아 미래파futurism 28에서 명백히 보이듯, 낡은 방식은 평가 절하되었고, 노인들과 여성들도 그들의 나약함 때문에 멸시의 대상이 되었다. 파시즘은 스스로를 젊은 국가로서 묘사한다. 후기 근대에 와서 젊음에 대한 미사여구와 노년에 대한 평가절하는 광고의 본질적 특징이 된다. 파시즘적 담론과는 반대로 후기 근대 광고는 노인들을 비난하지 않는다. 광고는 그것을 부인한다. 단, 노인들이 소비주의 축제에 참여하기만 하면 모두 젊어질 수 있다고 주장하면서 말이다.

1922년 이후 이탈리아에서 승리를 거두었던 파시즘은 **젊음의 에너지 숭배**energolatreia로 간주될 수 있다.

베를루스코니적 방식은 거만함, 민주적 규칙에 대한 경멸 그리고 마초이즘을 재상연하는 것이다. 그러나 현재 상연되고 있는 코미디의 배우들은 생명-기술, 심리-화학 그리고 약리학으로부터 도움을 구하는 노인들이다. 노먼 스핀래드Norman Spinrad가 자신의 소설

『벌레 잭 배론』(1967) *Bug Jack Barron*에서 보여준 것처럼, 시간과 나이에 대한 부정은 전 지구적 계급의 궁극적 망상이다.

파시즘적 민족주의의 영웅적 신화처럼 (그리고 광고의 신화도 마찬가지로), 베를루스코니의 하위문화는 권력에 대한 망상에 근거한다. 전자는 힘, 에너지, 그리고 자부심이라는 젊은이의 미덕에 근거하고 있으며, 후자는 기술, 기만 그리고 금융이라는 보다 성숙한 미덕에 근거한다. 파시즘의 폭력을 뒤이은 천벌은 2차 세계대전과 그 상상할 수도 없는 죽음과 파괴의 범람이다. 현재 구세대가 갖고 있는 에너지 숭배에 의해서 어떠한 천벌이 닥칠 것인가?

유럽의 운명은 생명정치 영역에서, 즉 소비주의, 기술-위생적 젊은 양식[29]의 공격성과 생물학적인 (감성적인) 유기체의 한계들에 대한 가능한 집단적 의식 사이의 경계에서 발생할 것이다.

고갈은 서구 문화에 끼어들 자리가 없다. 그리고 이것이 바로 지금 닥친 문제다. 왜냐하면 고갈은 이제 사회적 삶을 위한 새로운 패러다임으로 수용되고 이해되어야 할 필요가 있기 때문이다. 고갈에 대한 문화적·심리적 상세한 설명만이 부, 행복에 대한 인식과 새로운 구상으로 가는 길을 열어줄 것이다.

다가올 유럽의 봉기는 에너지의 봉기가 아니라 느림, 후퇴, 고갈의 봉기가 될 것이다. 그것은 속도와 경쟁의 착취로부터 집합적 신체와 영혼의 자율화가 될 것이다.

향후 10년 내에 유럽은 결정적인 선택을 할 것이다. 유럽은 지금 두 가설들 사이의 딜레마를 마주하고 있다.

하나의 길은 부와 자원을 재분배하는 거래를 수용하는 것이다.

그것은 유럽의 국경을 아시아와 아프리카에서 몰려오는 군중에게 개방하는 것이다. 그것은 서구 소비적 삶의 양식에서 하나의 감소를 의미한다. 대신에 생산과 소비의 비성장nongrowth으로 향하는 길이다. 이 선택사항은 희생과 포기라는 생각을 암시하는 것이 아니라 오히려 경쟁적 취득과 축적에 대한 기대 없이 시간을 즐기는 것을 의미한다.

다른 길은 인종 간 내전의 강화일 것이다. 그 첫 번째 징후들이 이미 눈에 보이고 있다. 유럽 사람들 대다수는 필사적으로 식민주의 시기 동안 축적한 특권을 지키려고 애쓰고 있다. 그러나 이 특권은 지난 세기 식민주의 제국의 몰락 이후 계속 악화 일로에 있으며 전 지구적 불황의 와중에 무너지고 있다.

경제적 경쟁이라는 게임에서 유럽은 결코 승리할 수 없다. 전형적인 유럽인의 임금이 인도, 중국, 베트남 노동자의 수준으로 떨어지는 데는 어느 정도의 시간이 걸릴까? 그렇게 되기에는 너무도 많은 시간, 너무도 많은 폭력과 피가 필요할 것이다. 이것이 금융 시장이 유로화를 신뢰하지 않는 이유다. 만일 그 기준이 자본 이득, 이윤 그리고 경쟁이라면 유럽의 몰락은 불 보듯 뻔하다.

남아있는 문제는 다음과 같다. 누가 경제적 경쟁이 선택의 유일한 기준이자 정치적 규범이라고 말하는가? 베이트슨Bateson 30이라면 유럽의 문제를 이중구속double-bind 31, 즉 모순적 명령이라는 관점에서 규정할 것이다. 신자유주의 도그마는 유럽 사회를 경쟁하도록 지도하고 있다. 그리고 동시에 유럽의 부를 위한 문화적·생산적 조건을 구성하는 구조들을 파괴하도록 지시하고 있다. 부에 대한 신자유주의적 생각은 사회적 비참함을 점점 더 진전시키고 있다. 베이트슨은 이중구속이 역설적 결과들을 낳는다고 주장한다. 그리고 유럽에 대한 그 역설적 해결책은 쇠락을 두려워하지 않는 것일 수 있다. 쇠락(역성장reverse growth)은 경쟁의 광란으로부터 투자회수를 암시한다. 이것이 우리가 신자유주의의 이중구속에서 헤어 나올 수 있는 역설적 길이다.

언어, 경제 그리고 신체

2장

언어, 경제 그리고 신체

경제 종말 이후의 미래

경제학은 과학이 아니다

2011년 여름의 끝 무렵, 경제 신문들은 "더블 딥"double dip 1에 대해 점점 더 많이 떠들고 있었다. 경제학자들은 경제 회복이 있기에 앞서, 또 한 번 경기후퇴가 닥쳐올 것이라고 예상한다.

내 생각에 그들은 틀렸다. 경기후퇴가 있을 것이다. 이 점에는 나도 동의 한다. 그러나 결코 회복은 다시는 없을 것이다. 만일 회복이 성장의 재개를 의미한다면 말이다.

만일 당신이 이 말을 많은 사람들 앞에서 말한다면 당신은 배신자, 파괴자, 재앙 예언자로 간주될 것이며 경제학자들은 당신을 못된 놈이라고 경멸할 것이다. 그러나 경제학자들은 현명한 사람들이

못 된다. 그들은 과학자로 간주되어서도 안 된다. 그들은 사회의 사악한 행위들을 고발하고, 당신의 빚에 대해 회개할 것을 요구하며, 당신의 죄에 대해 인플레이션과 비참함으로 위협하며, 성장과 경쟁의 도그마를 숭배하는 사제들에 훨씬 더 가깝다.

"경제 과학"과 같은 것이 실제로 존재한다고 믿는 것은 어렵다. 과학은 무엇인가? 인식론적 논의에 착수할 것 없이, 나는 단순히 과학은 도그마에서 자유로운 지식 형식이라고 말할 것이다. 과학은 경험적 현상으로부터 일반적 법칙을 추론할 수 있고, 따라서 다음에 무슨 일이 발생할 것인지를 예측할 수 있으며, 궁극적으로는 토마스 쿤Thomas Kuhn이 패러다임의 이동이라고 말했던 그러한 종류의 변화를 이해할 수 있다.

내가 아는 한, "경제학"이라고 불리는 담론은 이 도식에 맞지 않는다.

무엇보다 우선 경제학자들은 성장, 경쟁 그리고 국민 총생산 같은 독단적 개념들로 괴롭히고 있다. 그리고 그들은 사회적 현실이 이와 같은 기준들과 맞지 않으면 사회가 고장 났다고 규정한다.

둘째, 경제학자들은 전적으로 현실에 대한 관찰로부터 법칙을 추론할 수 없다. 대신에 그들은 현실이 그들의 거짓된 법칙들과 조화를 이룬다고 말하는 것을 선호한다. 그 결과 지난 3, 4년 간의 경험에서 알 수 있듯이 그들은 전적으로 어떠한 것도 예측할 수 없다.

마지막으로 경제학자들은 사회적 패러다임이 변하고 있을 때 무엇이 일어나고 있는지를 이해할 수 없고, 그들의 개념적 틀을 재규정하는 것을 강하게 부정한다. 왜냐하면 그들은 자신들의 철지난 기준에 부응하기 위해서 현실이 바뀌어야 한다고 주장하기 때문이다.

경제학 및 경영학부 교수진과 학생들은 과학적 지식이라는 이름에 걸맞은, 각각 현실에 대한 특정 분야를 개념화하는 분과학문들인 물리학, 화학, 천문학을 가르치거나 배우지 않는다. 경제학 교수진과 학생들은 오히려 사회적 현실을 실제적 목적들 ― 이윤, 축적, 권력 ― 에 밀어 넣도록 고안된 실용적 규약들과 과정에 대한 기술과 한 묶음의 도구들을 가르치고 배운다. 경제 현실은 존재하지 않는다. 그것은 기술적 모델링modeling, 복종과 착취 과정의 결과다.

경제 기술을 지원하는 이론적 담론은 맑스가 제안했던 의미에서 이데올로기로 정의될 수 있는데, 맑스는 경제학자가 아니라 정치경제학에 대한 비판가였다.

이데올로기는 사실 특정한 정치적·사회적 목표를 지원하는 것을 목적으로 하는 이론적 기술이다. 그리고 모든 기술들처럼 경제학 이데올로기는 자기-반성적이지 않으며 따라서 이론적 자기평가를 발전시킬 수 없고, 패러다임 전환에 맞추어 자신을 재구성할 수 없다.

금융 탈영토화와 노동 불안정

생산력의 발전, 즉 맑스가 (『정치경제학 비판 요강』*Grundrisse*의) 「기계에 관한 단편」이라는 장에서 "일반 지성"이라고 명명했던, 인지 노동의 전 지구적 연결망의 창출은 노동 생산 능력의 엄청난 증가를 불러왔다. 이 능력potency은 더 이상 자본주의라는 사회적 형식에 의해 더 기호화, 조직화 될 수 없고 담겨질 수도 없다.

자본주의는 더 이상 인지적 생산성의 사회적 능력을 조직하고 기호화 할 수 없다. 왜냐하면 가치가 더 이상 노동의 평균적 필요 시간의 관점에서 정의될 수 없기 때문이다. 따라서 사적 소유의 낡은 형식들과 임금은 더 이상 자본과 사회적 노동의 탈영토화된 존재를 기호화하고 조직할 수 없다.

경제적 지식은 언제나 부르주아 자본주의의 패러다임(순차적 축적, 가치의 측정가능성, 잉여가치의 사적 전유)에 따라 구성되었기 때문에, 경제학자들은 이러한 변형에 완전히 압도당한다. 생산의 산업적 형식으로부터 생산의 기호적 형식으로의 이행, 육체 노동에서 인지 노동으로의 이행은 자본주의를 그 자체로부터, 그 이데올로기적 자기-의식으로부터 드러나도록 만들었다.

영토화된 계급(마을에, 도시에 거주하는 계급)이었던 부르주아는 시간과 가치 간의 측정 가능한 관계뿐만 아니라 물리적 재산도 관리할 수 있었다. 자본 시장의 완전한 금융화는 구舊 부르주아의 종말을 표기하고, 경제적 권력 관계들의 탈영토화되고 리좀rhizome적인2 증식으로 가는 길을 열어 놓는다. 이제 구 부르주아는 더 이상 어떠한 권력도 갖고 있지 않다. 그들은 일반적으로 "금융 시장"이라고 지칭되는 증식하는 가상적 계급(영토화된 한 무리의 사람들이라기보다는 탈영토화되고 분쇄된 사회적 분진)으로 대체되었다.

노동은 분쇄화와 탈영토화라는 병행하는 과정을 겪고 있는데 우리는 그것을 불안정(혹은 노동의 불안정성)이라고 부른다. 불안 정화는 정규직과 임금의 상실이며, 노동자와 토지 관계에서의 균열, 노동의 분쇄화와 파편화의 결과이기도 하다. 사실 인지 노동자는 한 장소에 얽매일 필요는 없으며, 그/그녀의 활동은 비물질적 영토로 확산될 수 있다.

낡은 경제적 범주들(임금, 사유 재산, 그리고 일직선적 성장)은 더 이상 이 새로운 상황에서 의미가 없다. (유용한 기호記號 상품들의 생산의) 사용가치라는 관점에서 볼 때, 일반 지성의 생산성은 실제로 어떠한 한계도 없다. 그렇다면 그것의 생산물이 비물질적인데, 기호적 노동은 어떻게 가치를 부여받을 수 있을까? 노동과 임금 간의 관계는 어떻게 결정될 수 있을까? 만일 인지 노동(창조적 노동, 정서적 노동, 언어적 노동)의 생산성이 수량화되고 표준화될 수 없다면, 우리는 시간의 측면에서 어떻게 가치를 평가할 수 있을까?

성장의 종말

성장 개념은 경제 기술의 개념적 틀에서 매우 중요하다. 만일 사회적 생산이 성장에 대한 경제적 기대에 부응하지 않으면, 경제학자들은 사회가 병들어서 떨고 있다고 선포하고 그 질병을 "경기후퇴[불황]"이라고 부른다. 이러한 진단은 주민의 필요들과는 아무런 관련이 없다. 왜냐하면 그것은 물건, 기호적 상품의 사용가치에 대해서 말하는 것이 아니라, 추상적인 자본주의적 축적, 즉 교환가치의 축적에 대해서 말하는 것이기 때문이다.

경제학적 의미에서의 성장이란 사회적 행복의 증가나 인간의 기본적 욕구의 충족에 관한 것이 아니라, 금융 수익과 교환가치의 전 지구적 양적 팽창에 관한 것이다. 성장의 주요 지표인 국민 총생산은 사회적 복지와 쾌락의 척도가 아니라 화폐의 척도일 뿐이다.

사회적 행복 혹은 불행은 일반적으로 경제에서 유통되는 통화량에 달린 것이 아니고 오히려 부의 분배, 그리고 문화적 기대와 물리적·기호적 상품의 균형적 이용가능성에 달려 있다.

성장은 사회적 건강과 복지의 경제적 평가 기준이라기보다는 문화적 개념이다. 성장은 무한한 팽창으로서의 미래라는 근대적 개념과 연결되어 있다.

많은 이유들로 해서 무한 팽창은 사회체에게는 불가능한 임무가 되었다. 로마 클럽3이 『성장의 한계』*The Limits to Growth* (1972)라는 보고서를 출판한 이래, 우리는 지구의 물리적 자원들이 무한한 것이 아니며 사회적 생산은 이러한 지식에 따라 재규정되어야 한다는 것을 알게 되었다.

인지적 생산으로의 변형과 기호-자본주의 영역의 창출은 팽창을 위한 새로운 가능성을 열었다. 그리고 1990년대 수 년 간 경제는 기분 좋게 팽창할 수 있었다. 인터넷 경제는 무한 성장의 새로운 풍경을 제공할 것으로 기대되었다. [그러나] 그것은 사기였다. 왜냐하면 일반 지성이 무한히 생산적일지라도, 성장의 한계는 인지 노동의 정서적 신체에 각인되어 있기 때문이다. 주의력의 한계, 심적 에너지의 한계 그리고 감수성의 한계 등등. (흥분한 신자유주의 선동가들이 퍼뜨린) 신 경제의 허상들과 그 결과로서 닷컴

dot-com 경제4가 몰락한 이후, 21세기 초는 금융 경제의 다가올 붕괴를 선언했다. 2008년 9월 이후 우리는 (팽창의 금융적 가상현실화에도 불구하고) 자본주의적 성장의 종말이 눈앞에 있다는 사실을 알게 되었다.

이것은 저주일 수 있다. 만일 사회 복지가 여전히 화폐 수익의 팽창에만 의존하고, 우리가 사회적 필요와 기대를 재규정할 수 없다면 말이다. 그러나 그것은 축복이 될 수도 있다. 우리가 사회적 생산물을 평등하게 재분배한다면, 우리가 기존 자원들을 공유한다면, 우리가 문화적 기대를 보다 검소한 것으로 바꾸고, 쾌락이 계속 증가하는 소비에 의존한다는 생각을 바꾼다면 말이다.

경기후퇴와 금융의 비인격적 독재

근대 문화는 경제적 팽창과 미래성을 같은 것으로 취급했다. 따라서 경제학자가 경제적 성장과 미래를 따로 떼어서 생각하는 것은 불가능하다. 그러나 이러한 동일시는 폐기되어야 한다. 그리고 미래에 대한 개념은 다시 생각되어야 한다. 경제학자의 정신은 이러한 새로운 차원으로 도약을 할 수 없고 이러한 패러다임의 변동을 이해할 수도 없다. 이것이 경제가 엉망인 이유이며 경제적 지혜가 새로운 현실에 대처할 수 없는 이유다. 경제의 금융 기호화는 매일 사회적 자원들과 지적인 기술들을 파괴하는 전쟁기계5이다.

유럽에서 지금 무슨 일이 일어나고 있는지를 보라. 산업 생산의 수 세기가 지난 후, 유럽 대륙은 풍요롭다. 유럽은 수백만 명의 기술자들, 시인들, 의사[박사]들, 발명가들, 전문화된 공장 노동자들 그리고 핵 엔지니어들을 보유하고 있다 …… 그런데 어쩌다가 우리는 갑자기 그렇게 가난하게 되었는가? 매우 단순한 일이 발생했다. 노동자들이 생산했던 부의 전체가 극소수의 착취자들과 투기꾼들의 금고 속으로 쏟아 부어 졌다. 유럽 금융 위기의 전체 메커니즘은 역사가 이제껏 알아왔던 사회로부터 금융 계급, 금융 자본주의를 향한 가장 기이한 부의 이동이었다.

집단 지성이 생산한 부가 **빼돌려져** 전용되었다. 이러한 위치이동의 결과, 세계에서 가장 부유한 지역들 중 몇몇 곳이 지독한 빈곤을 겪고 있다. 그리고 사용가치를 없애고 재정상의 부를 옮기는 파괴적 금융 기계가 창출된다.

경기후퇴는 경제학자가 일반 지성의 생산 능력과 금융 제약들 간의 현재적 모순을 기호화하는 방식이다.

금융은 경제의 심리-인지 영역에 작용하는 현실의 가상화 효과다. 그러나 동시에 금융은 부의 탈영토화 효과다. 개인들인 금융 자본가들의 신원을 확인하는 것은 어렵다. 금융은 일정한 양의 물리적 상품들을 화폐로 바꾸어 놓은 것이 아니다. 그것은 오히려 언어의 효과다.

금융은 비물질화의 횡단적 기능이고 지표성의 수행적 행위다. 통계학, 수치들, 지표들, 두려움 그리고 기대는 물리적 세계 어딘가에서 발견할 수 있는 어떤 경제적 지시대상의 언어적 재현, 즉 기의를 지칭하는 기표들이 아니다. 그것들은 언표되는 바로 그 순간, 즉각적인 효과를 생산하는 발화 행위들, 즉 지표적indexical 6인 것들을 수행하고 있다.

이것이 당신이 금융 계급을 찾아 나설 때, 함께 이야기하거나, 협상할 누군가를, 맞서 싸울 적을 찾아낼 수 없는 이유다. 협상할 어떠한 사람이나 적도 없다. 단지 유일한 수학적 함축들, 즉 당신이 해체하거나 피할 수 없는 자동화된 사회적 연쇄들만이 있다.

금융이 비인간적이고 냉정한 것처럼 보이는 까닭은 금융은 인간이 아니며 따라서 연민도 없기 때문이다. 그것은 사회 전역을 가로지르는 수학적 종양으로 정의될 수 있다. 금융 게임에 연루된 사람들은 재산소유자들인 구 부르주아들보다 수적으로 훨씬 더 많다. 종종 부지불식간에 그리고 본의 아니게 사람들은 자신들의 돈과 미래를 금융 게임에 투자하도록 이끌렸다. 사설 펀드에 연금을 투자한 사람들, 반쯤은 정신이 나간 채 담보 대출 계약서에 서명한 사람들, 단기 신용대출의 덫에 빠져 버린 사람들은 모두 금융의 횡단적 기능의 일부가 되었다. 그들은 자신들이 전혀 통제할 수 없고, 심지어 이해할 수도 없는 주식 시장의 변동에 자신들의 미래를 의탁한 가난한 사람들, 노동자들, 연금 수급자들이다.

미래 고갈과 행복한 검소함

우리가 미래(미래에 대한 인식과 구상 그리고 미래의 생산)를 성장과 (재)투자라는 함정으로부터 풀어 줄 수 있어야만 우리는 삶, 부 그리고 기호-자본의 금융 추상화에 대한 쾌락이라는 사악한 예속으로부터 탈출구를 발견할 수 있을 것이다.

이러한 해결의 열쇠는 고갈과 조화를 이루는 새로운 형식의 지혜에서 발견될 수 있다. 고갈은 근대 문화의 틀에서 저주받은 단어다. 근대 문화는 에너지와 남성적 공격성에 대한 숭배에 근거하고 있다. 그러나 에너지는 알기 쉬운 많은 이유들로 인해서 포스트모던 세계에서 점차 사라지고 있다.

에너지는 인구학적 경향 때문에 줄어들고 있다. 인류는 대체로 기대 수명의 연장과 줄어드는 출산율 때문에 점차 고령화되고 있다. 고갈의 느낌은 이러한 일반적 고령화 과정으로부터 유래하며, 축복으로 간주되었던 것 ― 기대 수명의 연장 ― 은 불행으로 드러날 수 있다. 만일 에너지의 신화가 연대와 거대한 연민의 신화로 제지되고 대체되지 않는다면 말이다. 에너지는 또한 석유 같은 기본적·물리적 자원들이 소멸하거나 혹은 극적으로 감소할 운명이기 때문에 줄어들고 있다. 결국 에너지는 일반 지성의 시대에, 어리석은 경쟁 때문에 사라지고 있는 것이다. 일반 지성은 청소년기의 충동 그리고 남성적 공격성 ― 싸움, 승리 그리고 전유 ― 에 기반을 두고 있지 않다. 그것은 협동과 공유에 기반을 두고 있다.

이것이 미래가 끝이 나버린 이유다. 그리고 우리는 미래를 넘어서는 공간에 살고 있다. 만일 우리가 이러한 미래를 넘어서는 조건과 친하게 지낼 수 있다면, 축적과 성장을 포기할 것이고 우리의 산업 노동의 과거와 집단 지성의 현재로부터 부를 공유하는 것에 행복할 것이다.

우리가 이것을 할 수 없다면 우리는 폭력, 비참함, 그리고 전쟁의 세기로 빠져들 운명에 처하게 될 것이다.

시간, 돈 그리고 언어

시간을 저장하기

다음의 문장에 대해 생각해보라.

"내게 시간을 줘."
"너는 여기서 시간을 버리고 있어."
"나는 더 많은 시간이 필요해."

이 문장들은 의미가 없다. 왜냐하면 그 문장들은 시간이 주어지거나 철회될 수 있는 무엇이라고 전제하기 때문이다. 그리고 시간이 얻거나 잃을 수 있는, 소유하고 저장할 수 있는 무엇임을 암시하기 때문이다.

어쩌면, 경제가 기초하고 있는 것은 이러한 종류의 터무니없음이다. 시간의 사물화와 축적을 목표로 하는 기술 말이다.

시간/은행은 일종의 동의어다. 은행들은 본질적으로 시간과 관계가 있기 때문이다. 당신은 은행에 무엇을 저장하는가? 당신은 시간을 저장한다. 어느 의미에서 당신은 당신의 과거를 저장하는 것이고 또한 당신의 미래를 저장하는 것이다.

근대 부르주아 자본주의로부터 현대 기호-자본주의로 이행하는 길에서 본질적 변형은 돈, 언어 그리고 시간 간의 관계에 대한 인식의 변화였다.

이것이 내 논의의 출발점이다. 시간, 돈 그리고 언어 사이의 관계 말이다. 내 말은 당신이 은행에 대해 말할 때, 당신은 시간을 저장하는 것에 대해 말하고 있다는 것이다. 그러나 저축과 투자의 가능한 모든 방식들은 각각 자본주의 역사에서의 변화들 그리고 자본주의가 우리의 삶, 주체성, 특이성과 맺는 관계에 대한 역사적 변화들과 연결되어 있다.

시간에 대해 체계적이기는 꽤나 어려운 일이다. 그래서 나는 체계적이기를 시도 하지는 않을 것이다. 나는 우리의 현재에 대한 무언가를 이해하도록 돕는 몇 가지 준거들을 발견하려고 시도할 것이다. 시간, 언어 그리고 사건들의 관점에서 볼 때, 우리의 현재에는 어떤 일이 일어나고 있는가? 유럽의 풍경을 살펴보자. 당신은 유럽의 풍경이 오늘날 얼마나 슬픈지 알고 있다. 어쩌면 당신은 유럽의 슬픔을 모를 수도 있다. 왜냐하면 우리는 독일에 있고 당신은 독일이 현재 유럽에서 유일하게 행복한 공간이라는 것을 알고 있기 때문이다.

나는 며칠 전 베를린 공항에서 그 사실을 깨달았다. 나는 거기서 비행기를 기다리고 있는 중이었다. 그리고 나는 환한 미소를 지으며 출발 시간표를 보는 노老부부와 문신을 한 젊은 펑크족을 보았다. 나를 제외하고는 모두가 행복해 보였다. 나는 베를린 공항에서 유일하게 슬픈 사람이었다. 나는 슬퍼해야 할 나만의 개인적 이유들을 갖고 있었다. 그것이 내가 말하고 싶은 바는 아니다. 여기서 적절한 것은 나는 유럽인이지 독일인이 아니라는 사실이다.

그리스인들을 예로 들어보자. 당신은 그들이 얼마나 슬픈지, 얼마나 절망적인지, 얼마나 화가 났는지 알고 있다. 그러나 만일 당신이 화가 나 있는데, 현 상황에서 어떠한 희망도 보이지 않으면, 당신도 화가 나고 절망적인 것은 마찬가지다. 그리스인들은 분노하고 절망한 상태다. 아일랜드 사람들은 말할 것도 없고 포르투갈 사람들도 마찬가지다. 수년 전만 해도 그들은 행복했다. 그런데 지금 그들은 갑자기 전혀 다른 분위기에 있다. 독일인을 제외한 모든 유럽인들이 그러하리라.

이유를 아는가? 내가 그 이유를 말해주겠다. 독일 은행들의 금고가 우리의 시간들로 가득 차있기 때문이다. 바로 그것이 문제다. 독일 은행들은 그리스, 포르투갈, 이탈리아, 아일랜드의 시간을 담았다. 그리고 이제 독일 은행들은 자신들의 돈을 돌려 달라고 요구하고 있다. 그들은 그리스, 포르투갈, 이탈리아 등등의 미래 시간을 비축했다. 빚은 실제로 미래의 시간이며, 미래에 대한 약속이다. 그리스인들은 어쩔 수 없이 그들의 미래 시간을 저 멀리 약속했고, 그 약속을 독일 은행에 저축했다.

이 교환에는 무언가 문제가 있다. 당신이 나의 미래 시간을 취하고 그러고 나서 내 돈을 돌려달라고 요구한다. 금융 자본주의 시대에 결정적인 신비, 수수께끼 그리고 비밀이 정확히 이것이다. 은행에 저축한 돈은 내가 과거에 소비했던 과거의 시간인가? 아니면 그것은 미래를 구입하는 나의 가능성을 보증하는 돈인가? 그것은 비밀인가? 수수께끼인가? 당신은 그 차이가 무엇인지를 알고 있는가?

비밀이란 어딘가에 감추어져 있는 것이다. 당신은 그 암호를 알아야 하고 올바른 열쇠를 발견해야 한다. 그렇게 되면 비밀은 더 이상 비밀이 아닐 것이다. 그것은 진리가 될 것이다. 수수께끼는 다른 것이다. 왜냐하면 당신은 그 열쇠를 발견할 수 없기 때문이다. 열쇠는 어디에도 없고 따라서 진리 역시 어디에도 없다. 그래서 우리가 금융 자본주의에 대해 말할 때, 우리가 시간, 미래 그리고 빚의 관계에 대해 논쟁할 때, 우리는 비밀에 대해 말하고 있는가? 아니면 수수께끼에 대해 말하고 있는가?

내 생각에 우리는 수수께끼에 대해 말하고 있는 것 같다. 왜냐하면 아무도 미래에 대해 알고 있지 못하기 때문이다. 아무도 채무자들의 미래 시간에 무엇이 감추어져 있는지를 알고 있지 못하기 때문이다. 그래서 이 수수께끼를 푸는 유일한 방법은 폭력과 함께 하는 것이다. 돈을 갚든가 아니면 밖으로 나가든가. 당신이 독일 은행에 저축했던 미래 시간에 대한 지불[보답]으로서 현재의 시간을 주든가 그렇지 않으면 당신은 가난해질 것이다. 그래서 유럽연합으로부터 축출되는 것을 피하기 위해 그리스, 포르투갈 그리고 나머지 나라들은 가난해질 수밖에 없다. 불황, 곤궁, 비참함. 이것이 우리의 (상상적) 미래인 빚을 지불하고 있는 방식이다.

부유하는 가치들

당신은 금융 자본주의에서는 진리를 발견할 수 없다. 왜냐하면 금융 자본주의의 근본적 도구가 이것, 즉 진리는 사라졌고 용해되었다는 사실이기 때문이다. 진리는 더 이상 거기에 있지 않다. 더 이상 진리는 없으며 단지 기호들의 교환, 의미의 탈영토화만이 존재한다. 1976년에 출판된 『상징적 교환과 죽음』에서 장 보드리야르는 전 체계가 불확정성 속으로 떨어지고 있다고 말한다. 이것이 산업 자본주의에서 기호 자본주의로의 본질적 이동이다. 불확정성 indeterminacy이 노동시간과 가치 간의 고정된 관계의 자리를 꿰찬다. 그래서 그 결과 전체 교환 체제가 부유하는 가치들의 우발적 체계로 떨어진다.

금융 자본주의는 본질적으로 시간과 가치 간의 관계의 상실을 기반으로 한다. 『자본』의 첫 페이지에서, 맑스는 가치가 시간, 즉 시간의 축적이라고 설명한다. 객관화된 시간, 달리 말하면 사물, 상품, 가치가 되어버린 시간. 그러나 조심하라. 이 시간은 단순히 가치 결정과 관련된 종류의 시간이 아니라 특정한 물건을 생산하는 데 필요한 사회적 [평균] 노동시간이다. 당신이 무척 게으르든 혹은 일손이 빠르든 그것은 문제가 되지 않는다. 가치의 결정에서 중요한 것은 특정 상품을 생산하는 데 필요한 **평균** 시간이다. 좋았던 과거, 즉 무언가를 생산하는 데 필요한 시간을 결정하는 것이 가능했던 시절에는 이것이 참이었다. 그 후 상황은 변했다. 갑자기 새로운 것이 노동의 조직에서, 생산 기술에서, 시간, 노동 그리고 가치 간의 관계에서 발생했다. 노동은 더 이상 산업 생산의 육체적인, 근육을 사용하는 노동이 아니다. 물질적 사물은 더 이상 존재하지 않고 단지 기호들만이 존재한다. 만지고 볼 수 있는 물질들의 생산이 아니라 본질적으로 기호적인 것의 생산이다.

물질적 대상을 생산하기 위해 필요한 평균 시간을 설정하고 싶다면, 당신은 그저 단순한 계산만 하면 된다. 질료를 상품으로 만들기 위해 얼마나 많은 노동시간이 걸리는가? 물질적 대상을 생산하기 위해 얼마나 많은 시간이 필요한지를 결정하는 것, 이것을 말하는 것은 쉬운 일이다. 그러나 하나의 관념idea을 생산하기 위해 얼마나 많은 시간이 걸리는가를 결정해보라. 하나의 연구계획, 양식, 혁신을 생산하기 위해 얼마나 많은 시간이 필요한가를 결정해보라. 생산 과정이 기호적인 것이 될 때, 우리는 노동시간과 가치 간의 관계가 증발해서 대기 속으로 사라지는 것을 보게 된다. 보드리야르는 이 과정을 묘사했고 이해했던 최초의 사상가였다.

보드리야르는 『상징적 교환과 죽음』을 1976년에 썼다. 그러나 그 보다 수년 앞서 미국 대통령 리처드 닉슨이 세계를 바꾸어 놓은 무언가를 했다. 그 당시 미국의 대통령은 마치 예언가와도 같았다. 그들이 미래의 시대정신을 예측했기 때문이 아니라, 그들이 자신들의 의지 혹은 미국 자본주의의 의지를 미래에 각인할 만큼 그들의 권력이 충분히 강했기 때문이다. 그리고 닉슨은 미래를 바꾸는 관점에서 매우 중요한 일을 했다. 그는 금본위제로부터 달러화를 해방시키기로 결정했다.

그는 서로 다른 통화들 간의 고정된 관계에 기반을 둔 금본위제와 브레튼우즈 협정이 종말을 고告했다고 결정했다. 그 이후 달러화는 어떠한 고정된 기준으로부터도 자유로워졌다. 독립적, 자율적 혹은 더 정확히 말하면, 우연적인 것이 되었다. 달러화는 결정되지 않은 채, 부유하는 것이 되었다.

우연한 것은 어떠한 방식으로든 예언될 수도, 고정될 수도, 결정될 수도 없는 것이다. 라틴어에서는 고정된 관계, 기준, 척도 등을 나타내기 위해 비율ratio라는 단어를 사용한다. 철학적 용어로 ratio는 사물을 이해하는 보편적 기준을 지칭한다. 그것이 이성reason이다.

닉슨의 결정 이후 측정은 끝이 났다. 표준화가 끝이 났다. 상품을 생산하는 데 필요한 평균 시간의 양을 결정할 가능성도 끝이 났다. 물론 그 말은 미국이, 미국의 대통령 리처드 닉슨이, 폭력이 측정을 대신하도록 결정했음을 의미한다. 우연성의 조건들 중에서 최종 결정의 조건은 무엇인가? 가치를 결정하는 과정 혹은 행위는 무엇인가?

힘, 무력, 폭력이다. 무언가를 결정하는 최종 방식은 무엇인가? 가령 달러화의 교환비율을 결정하는 최종 방식은? 물론 폭력이다. 내게 [이것을 설명할] 시간을 좀 달라.

자본의 금융화와 폭력의 결합은 인과적인 것도 즉흥적인 것도 아니다. 그것은 전적으로 구조적인 관계다. 폭력이 없다면 금융 경제는 있을 수 없다. 왜냐하면 기준이 부재하는 시대에 폭력이 유일한 결정 방식이 되었기 때문이다.

나는 여기서 잠시 금융 자본주의에 대한 자세한 설명을 멈출 것이지만, 내 발언의 말미에 다시 이 주제로 돌아오고 싶다. 그러나 지금은 우선 시간, 망각 그리고 가능하면 은행에 관한 것을 말하고 싶다.

파시즘, 여성성 그리고 미래주의

우리는 익숙해져 있다. 여기서 "우리"라는 말은 나의 세대, 최후의 근대적 세대를 의미한다. 우리는 시간을 진보라는 측면, 즉 성장의 끝없는 과정, 그리고 또한 완벽가능성 측면에서 사고하는 데 익숙해져 있다.

미래성이라는 해묵은 근대적 개념은, 근대성이 시간에 대해 생각했던 방식에서 결정적으로 중요하다. 근대적 시간에 대한 가장 훌륭한 정의는 1909년 마리네티Marinetti의 「미래파 선언」[7]에서 볼 수 있다. 시간은 「미래파 선언」에서 중요하다. 또한 미래파가 "여성적인 것"의 경멸을 말할 때, 그들은 시간에 대해 말하고 있는 것이다.

「미래파 선언」에서 시간은 무엇인가? 그 선언은 시간을 가속화로서 이해하며, 가속화를 증대하는 능력의 과정으로 본다. 이 가속화 개념은 사유와 예술의 역사에서 새로운 것이다. 시간에 대한 지각이 바뀔 수 있다는 생각은 이미 인상주의 회화에, 세잔느Cezanne의 그림에 존재했었다. 그러나 그것은 감속화, 즉 시각視覺의 느리게-되기라는 의미에서만 그렇다. 세잔느가 시간 개념을 지속 개념으로 바꾸어 놓았던 앙리 베르그손Henri Bergson과 많은 관계가 있음을 잊지 말라. 베르그손은 연장extension이 아닌 지각perception의 측면에서 시간에 대해 말한다. 베르그손이 인상주의 회화, 상징주의 시학 그리고 미래파를 가장 잘 해석한 철학자인 이유가 바로 이것이다. 왜냐하면 베르그손은 시간에 대한 새로운 관점을 제공해 주었기 때문이다. 그는 인간 정신의 보편적 범주의 측면이 아닌 주관적 지속의 측면에서 시간을 말하고 있었다.[8]

이것은 부르주아적 재현이라는 고전시대로부터, 지각과 의식의 흐름들 및 관점들의 후기 근대적 위기와 증식으로의 결정적 전환이다.

베르그손과 세잔느 덕분에 그러나 대개는 마리네티와 이탈리아 미래파들 덕분에 다른 강렬도들intensities이 시간적 지각의 시나리오로 진입했다. 러시아 미래파들이 문학·예술의 생산이라는 관점에서 시간에 더 관심을 가졌고, 자신들의 시학 선언문에서는 시간에 대한 관심이 두드러지지 않았던 반면, 이탈리아 미래파들은 그들보다 훨씬 더 가속화의 관점에서 시간을 말하려고 했다. 그리고 그들은 폴 비릴리오Paul Virilio가 그 세기 후반에 썼던 저작들에서 충분히 설명했던 것을 말했다. 즉 속도와 가속화는 능력의 근대적 도구들이며, 후기 근대에는 산업, 정치 그리고 군사적 능력이 속도에 기반하고 있다는 것이다. 이탈리아 미래파들은 남성적 능력을 본질적으로 가속화의 문제로 인식하고 있다. 이탈리아 근대성이 지각의 남성화 문제, 즉 시간의 남성화, 정치의 남성화, 권력의 남성화와 상당 부분 관계가 있음을 잊지 말자.

당신은 문화적 자기-인식의 탈여성화[남성화]에 대한 욕구에서 시작하지 않으면, 이탈리아 파시즘을 이해할 수 없다. 이탈리아 파시즘은 여성을 경멸하는 것에 근거하고 있다. 여성에 대한 경멸은 「미래파 선언」의 요점들 중의 하나다. 그러나 그것은 또한 이탈리아 사람들의 우스꽝스럽고 비참한 민족적 자부심 창출의 요점들 중 하나이기도 하다. 이탈리아 사람들은 언제나 여성적 시각으로부터 자신을 지각해 왔다. 이탈리아 문화의 위대함은 여성성, 즉 지중해의 달콤함, 삶에 대한 풍미, 부드러움 그리고 완만함이다. 만일 당신이 이탈리아 시를 읽는다면 ─ 단테, 페트라르카, 타쏘, 레오파르디, 포스콜로 등등 ─ 그 시들은 언제나 이탈리아를 아름다운 여성, 여성의 신체, 그리고 때때로 부상당해 고통 받는 신체(페트라르카의 시구 중 일부 : 나의 이탈리아, 비록 나의 말로는 치유할 수 없을 지라도/ 나는 당신의 아름다운 몸 위에 난 너무도 두터운 치명적 상처를 봅니다)를 묘사하지만 밝고 즐거운 감정을 가진 것으로도 묘사한다. 이탈리아적인 것이 오늘날처럼 수치스럽지 않았을 때, 이탈리아의 자기-정체성은 여성적이었다.

그리고 무언가가 일어났다. 민족주의, 전쟁, 산업 경쟁이 도래했으며, 그리고 이탈리아 민족문화의 주요 관심사는 이러한 여성적 자기-인식을 파괴하고 공격성과 우스꽝스런 남성성을 확인하는 것이 되었다. 파시즘은 여성적 자기-인식에서 남성적 자기주장으로의 전환점이다. 19세기 이탈리아 민족문화는 지중해 사람들의 평화적 여성성을 부끄러워하게 됐다. 그리고 스스로에게 남성호르몬을 주입하기 시작했다. 그 결과는 무솔리니와 베를루스코니 같은 살인마 겁쟁이 광대들이 완벽히 구체화했던 우스꽝스런 공격성의 쇼이다.

당신이 독일의 나치즘에 대해 말할 때 그것은 가짜가 아니다. 그것은 우스꽝스럽지 않다. 그것은 웃기지 않는다. 그것은 범죄적이고 살인적이고 끔찍하지만 결코 우습지 않다. 그러나 이탈리아 역사에는 거짓말처럼 들리는 무언가가 있다. 민족적 자부심, 군사적 공격성, 산업 성장 등등. 이 모든 것이 거짓이다. 이것이 이탈리아 파시즘이 종종 하나의 소극笑劇으로 간주되는 이유다. 불행히도 이탈리아 파시즘은 소극이 아니었을 때조차 소극이었다. 그러나 전쟁, 죽음 그리고 황폐화를 유발했던 비극적이고 범죄적 소극이었다.

시간에 관한 한 이탈리아 파시즘은 게으름[여유로움], 느림 그리고 지중해적 감수성을 망각하기에 관한 것이었고, 가속화에 근거한 또 다른 시간 인식을 확언하는 것이었다.

일본의 정체성에 대한 여성적 인식은 많은 면에서 이탈리아의 그것과 유사하다. 그리고 메이지 유신의 근대화는 무엇보다 일본 문화의 탈여성화에 근거하고 있었다. 예를 들어 천황의 주변에서 여성들이 사라진 것을 생각해보라. 1870년 이후 천황의 주변에서 서서히 여성들이 사라지고, 무사들이 주변에 나타난다. 그리고 천황은 진정한 사내가 되어야 한다. 그래서 그러한 종류의 히스테리, 즉 이탈리아와 일본 파시즘의 그 우스꽝스럽고 광적이며, 살인적인 히스테리는 그러한 문화들의 여성적 측면의 강요된 말소와 부인의 결과로서 나타난다.

이탈리아 미래파는 20세기의 본질에 대한 훌륭한 서문이다. 왜냐하면 20세기는 미래를 신뢰했던 세기로서 정의될 수 있기 때문이다. 미래파는 과거가 아니라, 미래가 더 나은 시간의 차원이라고 주장했다. 실제로 미래파는 과거를 파괴하는 것에 대한 모든 것, 그리고 미래를 찬미하고 미래를 강조하는 것에 대한 모든 것이다.

이제 미래의 영광은 끝장났다. 우리는 미래파들과 일반적으로 근대적인 것들이 그러했던 것처럼 더 이상 미래를 신뢰하지 않는다. 무슨 일이 일어났는가?

1977년

　나는 1977년이라는 중요한 해에 초점을 맞추고 싶다. 내 생각에 1977년은 많은 이유들로 해서 특별히 중요한 해였다. 찰리 채플린이 사망한 해가 1977년임을 잊지 말라. 내 생각에 그 남자의 죽음은 상냥한 근대적 가능성의 종말, 즉 시간을 그 안에서 서로 다른 견해들이 만나고 갈등하고 발전적 합의를 도출하는 모순적이고 논쟁적인 장소로 인식하는 것의 종말을 나타낸다. 찰리 채플린은 근대 최후의 인물이다. 근대는 기계의 시대, 일상생활로 밀고 들어와 그것을 송두리째 파괴하는 끔찍한 기계의 시대였지만 또한 사회적 투쟁, 사회적 의식, 연대의 시기였다. 찰리 채플린은 감시탑 위에 올라선 남자다. 그는 위험하면서도 유리한 위치에서 도시를 내려다본다. 그 도시는 시간이 협상되고 통제될 수 있는 곳이었다.

　1977년 찰리 채플린은 사망한다. 그러나 나는 그 해가 스티브 잡스Steve Jobs와 스티브 워즈니악Steve Wozniak이 실리콘 밸리에 있는 자신들의 조그만 차고에서 시간의 디지털 가속화와 의무적 통합을 위한 사용자 친화적 인터페이스를 만들었던 해임을 기억하고 싶다. 애플이라는 상표는 1977년에 등록되었다.

　같은 해 대도시에 거주하는 인도인들이 로마와 볼로냐의 거리에서 폭동을 일으켰다. 그리고 여왕 즉위 기념일에는 템즈 강변에서 한 무리의 젊은 영국 뮤지션들이 처음으로 미래가 없다고 외쳤다. 당신의 미래에 대해 생각하지 말라. 당신에게는 미래가 없다. 1977년에 시드 비셔스Sid Vicious와 섹스 피스톨즈9의 멤버들이 외치고 선언했던 것은 근대 시대, 산업 자본주의의 종말과 새로운 시대, 즉 총체적 폭력의 시대의 시작을 알리는 최후의 전조였다. 금융의 전 지구화, 규제완화, 무한 경쟁, 무한 전쟁의 시대가 도래 했다.

만일 자본주의가 인류 역사에서 계속 존재하고자 한다면, 인류 역사는 총체적 폭력의 장소가 되어야 한다. 왜냐하면 폭력만이 결정적이기 때문이다. 1977년 초에 "경쟁"이라는 단어가 경제학자들에게 중요한 용어가 된다. 나는 경제학이 하나의 과학으로 간주될 수 있는지 모르겠다. 나는 그것이 과학일 수 없다고 생각한다. 내 생각에 그것은 기술이다. 경제학은 시간을 노동으로, 노동시간을 가치로, 자연과 우리와의 관계를 결핍, 욕구, 소비 중의 하나로 변형시키는 것을 목적으로 하는 기술이다.

그러나 1977년 이래 경제 과학(혹은 기술, 난 잘 모르겠지만)의 기획은 인간관계들을 하나의 목적에 복속시키는 것이다. 경쟁, 경쟁, 경쟁 말이다. "경쟁"이라는 말이 이제 자연스럽고 일상적인 용어가 되었다. 그러나 이것은 옳지 않다. 왜냐하면 "경쟁"은 폭력과 전쟁을 의미하기 때문이다.

이것이 경쟁의 의미다. 만일 그렇지 않다면 당신은 그 말의 의미를 망각한 것이다. 당신은 경쟁이 전쟁과 같다는 사실을 잊은 것이다. 들뢰즈와 가따리는 『천 개의 고원』에서 파시즘을 정의하려고 시도하면서 다음과 같이 말하고 있다. 전쟁기계가 모든 틈새에 숨어 있을 때, 전쟁기계가 일상생활의 모든 곳과 구멍에 숨어 있을 때, 파시즘은 존재한다. 이것이 파시즘이다.

그래서 나는 들뢰즈와 가따리가 정의한 관점에서 볼 때, 신자유주의가 파시즘의 가장 완전한 형식이라고 말할 것이다. 경쟁은 일상생활의 모든 틈바구니에 있는 전쟁기계를 은폐하는 것이다. 경쟁의 왕국은 완전한 파시즘이다.

기호-인플레이션

나는 잠시 기호-인플레이션에 대해 말하고 싶다. 그것은 특별한 종류의 인플레이션으로서 정보, 이해, 의미 그리고 정서의 영역에서 발생한다.

윌리엄 버로우즈William Burroughs가 말하길, 인플레이션은 본질적으로 당신이 보다 적은 물건을 사려는데, 보다 많은 돈을 필요로 할 때 일어난다. 나는 기호-인플레이션은 점점 더 적은 의미를 얻기 위해 점점 더 많은 기호, 단어, 정보를 필요로 할 때라고 말하겠다. 가속화. 그것은 가속화의 문제다. 그것은 미래에 대한 낡은 가속화 개념이 자본주의 목적을 위한 결정적 도구일 때 일종의 과잉미래주의hyperfuturism다.

칼 맑스가 이미 이와 비슷한 말을 했다. 맑스가 생산성에 대해 말할 때, 상대적 잉여가치에 대해 말할 때, 그는 가속화에 대해 말하고 있는 것이다. 그는, 만일 당신이 생산성에서 성장을 ― 그것은 곧 잉여가치에서의 성장이기도 할 텐데 ― 얻고 싶다면, 당신은 노동시간을 가속화할 필요가 있다고 말한다. 그러나 특정한 지점에서 가속화는 또 다른 차원으로 도약한다. 보드리야르가 과잉가속화라고 부르는 차원으로 말이다.

산업 생산 영역에서 생산성의 가속화는 기계의 리듬을 강화하는 것에 관한 것이다. 따라서 노동자들은 물리적 질료를 다루고 물리적 사물을 생산할 때, 어쩔 수 없이 몸을 빨리 놀릴 수밖에 없다. 인지 노동이 생산의 주요한 도구가 되기 시작할 때, 가속화는 다른 국면, 다른 차원으로 들어간다. 기호-자본주의의 영역에서 생산성을 늘리는 것은 본질적으로 정보영역을 가속화시키는 문제다.

기호-자본 영역에서 당신이 생산성을 늘리고 싶다면, 당신은 그저 정보영역, 정보가 두뇌를 향해 경주를 하는 환경을 가속화하기만 하면 된다.

그러면 우리의 두뇌, 즉 사회적 두뇌에는 무슨 일이 일어나는가? 인지하는 데에는 시간이 걸린다. 주의력attention이 무엇인지를 생각해보라. 주의력은 두뇌 안에서 물리적 반응들의 활성화이고 또한 감정적·정서적 반응들의 활성화이다. 주의력은 무한정 가속화될 수 없다. 이것이 1990년대 말, 계속된 가속화의 오랜 시기가 흐른 후, 신 경제가 실패했던 이유다.

지난 십년의 초, 즉 2000년 초, 닷컴 경제의 몰락은 사회적 두뇌를 과도하게 착취한 결과였다. 인터넷 거품이 터지고 난 후 갑자기 주의력 경제에 대한 서너 권의 책들이 서점에 모습을 보였다. 갑자기 경제학자들은 아주 단순한 사실을 깨닫기 시작했다. 기호 자본주의 세계의 시장은 주의력의 시장이라는 사실 말이다. 시장과 주의력은 동일한 것이 되었다. 2000년의 위기, 닷컴 경제의 몰락은 주의력 영역에서의 과잉생산의 결과였다.

맑스는 과잉생산의 위기에 대해 다음과 같이 말한다. 당신이 특정 상품을 지나치게 많이 생산하면 사람들은 그 모두를 구입할 수 없으며 상품들은 창고에 팔리지 않은 채 남아있게 된다. 그래서 자본가들은 노동자를 해고하기 시작한다. 왜냐하면 자본가들은 더 이상 생산이 필요하지 않기 때문이다. 그리고 이것이 상황을 악화시킨다.

이것이 산업 자본주의 틀 안에서 과잉생산의 위기다. 기호-자본의 국면으로 들어설 때 과잉생산의 위기는 무엇인가? 아마도 그 과잉생산은 인지 노동이 생산한 기호 상품들의 양과 당신이 처분하는 시간의 양 간의 관계의 결과일 것이다. 한 사회의 주의력을 요구하는 시간의 총량은 무한한 것이 아니다. 왜냐하면 주의력은 한계를 넘어 가속화될 수 없기 때문이다. 당신은 당신의 주의력을 가속화할 수 있다. 예를 들어 당신은 암페타민[10]을 취할 수 있다. 우리는 주의력 분야에서 우리에게 보다 많은 생산 능력을 주는 기술과 약물을 가지고 있다. 그러나 당신은 그것의 문제점도 알고 있다. 당신은 그것의 종말이 어떠한가를 알고 있다. 1990년대는 닷컴의 시대, 생산성이 증가하는 시대, 생산성에 대한 열정이 증가하는 시대, 지식 노동자들의 행복이 증가하는 시대였다. 그러나 1990년대는 또한 프로작prozac[우울증 치료제]에 중독된 시대이기도 했다. 당신은 앨런 그린스팬Alan Greenspan이 "비합리적 활기"라고 불렀던 것을 이해할 수 없다. 수백만 명의 인지 노동자들이 1990년대 동안 수 톤의 코카인, 암페타민, 프로작을 복용했다는 단순한 사실을 반성하지 않는다면 말이다.

이것이 얼마간은 효력이 있을 것이다. 그러나 시간이 지나고 나면 끝이 난다. 어느 날 갑자기 그 흥분과 가속화가 지나고 난 후 계시가 온다.

붕괴

　모두가 Y2K 버그[11]를 기다리고 있었던, 세기 전환기의 그 밤을 기억하는가? 나는 최후의 붕괴를 기다리면서 TV 앞에 있었고 아무런 일도 일어나지 않았다. 아무런 일도. 그 날이 내 인생에서 가장 끔찍한 밤이었다. 나는 그 날 밤이 우리 인생의 마지막 밤이 될 것이라고 모두에게 약속하는 데에 내 모든 신용을 걸어놓고 있었다. 그런데 전혀 아무런 일도 일어나지 않았다. 아무런 일도. 그러나 대기에는 붕괴에 대한 어떤 기대감 같은 것이 있었다. 그러한 기대감을 우리가 어떻게 설명할 수 있겠는가?

　그 붕괴는 밀레니엄 버그와는 아무런 관계가 없었다. 그 붕괴는 전 세계 도처 인지 노동자들의 사회적 두뇌 안에 프로작이 주는 흥분의 몰락을 나타냈다. 당시 앨런 그린스펀이 "나는 시장에서 이해할 수 없는 흥분을 느낀다."라고 말했을 때, 그는 경제에 대해 말하고 있는 것이 아니었다. 그는 프로작의 실패에 대해 말하고 있었다. 수백만 명의 인지 노동자들의 사회적 두뇌 안에서 일어나는 코카인의 황홀감의 종말에 대해 말하고 있었다.

　다음에 무슨 일이 일어났는가? 다음 단계는 기호-자본주의 영역에서의 과잉생산의 위기였다. 세기 초반에 — 2000년, 2001년 — 그 문제는 자본주의와 세계 경제의 다가올 붕괴에 대한 인식이었다. 그리고 9월 11일이 도래했으며 과잉생산이 모든 것에 대한 해결책이 되었다. 단지 한 명의 미친 의사만이 우울증에 걸린 사람, 우울증에 걸린 유기체에게 암페타민을 처방할 것이었다. 그러나 그것이 실제로 정확히 9월 11일 이후 발생한 것이었다. 화학적이고 경제적인 이유들로 우울한 인지 노동자들의 유기체는 미친 의사 조지 부시가 처방한 전쟁이라는 암페타민에 종속되었다. 그 의사는 미쳐있었고, 그 결과 우리는 지금 여기서 무한 전쟁을 겪고 있다.

의사 조지 부시는 전쟁에서 이기고 싶지 않았다. 그는 전쟁에 이기거나 지는 것에 전적으로 무관심했다. 파키스탄 같은 동맹군과 함께 아프가니스탄 같은 장소에서 전쟁을 시작하는 것은 미친 짓이며, 패배로 가는 지름길임이 너무도 분명했다. 그러나 문제는 이기고 지는 것이 아니었다. 문제는 결코 끝나지 않을 전쟁을 시작한 것에 있었다.

무한 전쟁은 의미의 인플레이션의 징후인 일종의 광기의 기호다. 점점 더 많은 기호들이 점점 더 적은 의미를 사고 있다. 『데이터 쓰레기』 *Data Trash*라는 책에서 아서 크로커Arthur Kroker는 다음과 같은 이야기를 전해준다. 언어학자 토마스 세복에게 보내는 편지에서 빌 게이츠는 다음과 같이 썼다고 한다. "권력은 물건을 쉬운 것으로 만드는 것이다."Power is making things easy 이 다섯 단어들이 빌 게이츠가 의미와 권력 간의 관계에 관한 모든 것을 이해했음을 드러낸다.

권력은 물건을 쉬운 것으로 만드는 것이다. 스티브 잡스와 스티브 워즈니악은 "사람들에게 정보를!"이라는 히피적hippie 생각에 따라 애플의 인터페이스를 만들었다. 그러나 애플의 친근한 인터페이스들은 매우 위험한 과정의 시작일 뿐이었다. 그것은 빌 게이츠의 "물건을 쉬운 것으로 만든다"는 개념으로 귀결되고 만다. 만일 당신이 물건을 쉬운 것으로 만든다면, 대다수의 사람들, 거의 모든 사람들이 당신이 가는 길을 따르게 될 것이다. 알다시피 인터넷의 진화는 본질적으로 연구, 결과, 창조, 발명이라는 험난한 경로로 시작해서 물건이 쉬워지는 장소가 되는 것으로 끝을 맺은 체계의 전체주의적 진화이다.

물건을 쉬운 것으로 만드는 과정, 인터넷의 단순화는 윈도우 95와 익스플로러라는 브라우저와 함께 시작했다. 그러면서 진화에 진화를 거듭해서 페이스북의 발명에까지 이르렀다. 그것은 우정, 사랑, 그리고 일상적 삶의 모든 관계를 쉬운 것으로 만들고 있다. 당신은 그저 '당신은 내 친구인가요? 그렇지 않은가요?'라는 질문에 답하기만 하면 된다. '네. 나는 당신의 친구입니다.' 그래서 친구관계는 보장이 된다. 당신은 답을 찾을 필요도 없다. 답은 이미 거기에 있다.

정보영역이 점점 더 빠르게 움직이기 시작해서 당신의 주의력이 그것을 따라갈 수 없을 때, 기호-인플레이션의 조건에서 당신이 필요로 하는 것은 무엇인가? 당신은 당신에게 사물을 쉬운 것으로 만드는 약간의 결정, 정보영역의 속도를 줄이는 약간의 결정이 필요하다. 그것은 시간, 가속화, 그리고 감속화의 문제다. 그것은 쉽게 만들기easification의 문제다.

근대성의 종말은 미래의 붕괴와 함께, 즉 시드 비셔스가 미래는 없다고 고함치는 것으로 시작되었다. 그러나 포스트근대의 역사는, 우리가 알고 있는 한, 점차적으로 일상적 삶의 모든 구석, 사회적 두뇌의 모든 공간을 관통했던 기술-언어적 기계의 역사였다.

기술-언어적 기계는 인간에게 언어를 건네준다. 그것은 또한 현 세대의 요구에 맞도록 언어를 사용하는 인간을 대체하고 있다.

1975년 미국의 인류학자 로즈 골드센Rose Goldsen은 『보고 말하는 기계』The Show and Tell Machine에서 다음과 같이 말하고 있다. "우리는 어머니보다 기계로부터 더 많은 말을 배우게 될 새로운 세대를 양육하고 있다."

그 세대가 바로 지금의 세대다. 어머니보다 기계로부터 더 많은 말을 배운 최초의 세대는 말과 신체, 말과 정서 간의 관계와 관련된 문제를 가지고 있다. 언어 학습이 신체, 즉 어머니의 신체로부터 분리되면서 일반적으로 언어 그 자체가 바뀌고 있으며, 언어와 신체 간의 관계도 바뀌고 있다. 우리가 아는 한, 인류 역사 내내 언어에 대한 접근은 언제나 어머니의 신체에 대한 신뢰를 매개로 이루어졌다. 기표와 기의 간의 관계는 언제나 어머니의 신체, 따라서 타자의 신체가 보장해주었다.

나는 물이 "물"인 것을 알고 있다. (실제로 나는 내 어머니로부터 이탈리아어로 말하는 법을 배웠기 때문에 물acqua이 "물"acqua인 것을 알고 있다.) 왜냐하면 기계가 아니라 내 어머니가 "이것은 물이야"라고 내게 말해주었기 때문이다. 나는 기표가 기의를 의미한다는 것을 알고 있다. 왜냐하면 내 어머니가 나에게 물이라고 말했고 나는 그녀의 신체를 믿었기 때문이다. 언어에 대한 접근이 신체와 분리될 때, 언어와 욕망 간의 관계에는 무슨 일이 발생하는가?

기표와 기의 간의 관계가 더 이상 신체의 현존에 의해 보장받지 못할 때, 세상에 대한 나의 정서적 관계는 방해받기 시작한다. 내가 세상과 맺는 관계는 기능적이고 조작적인 것 — 말하자면 더 빨라지지만 불안정한 것 — 이 된다. 여기가 불안정이 시작되는 지점이다. 언어와 신체가 분리되는 지점 말이다.

일반 지성은 신체를 추구한다

일반 지성은 신체를 추구한다

추상과 병리학

추상의 세 층위들

맑스의 글에서 추상은 자본주의의 주요한 경향, 즉 인간 활동에 미치는 자본주의의 일반적 효과다. 맑스의 추상은 유용성(사용가치)에서 가치의 추상과 인간 활동의 구체적 형태들로부터 생산적 노동의 추상에 대해 말한다.

그러나 기호-자본주의의 영역에서는 맑스적 추상의 발전으로서 두 가지 새로운 추상의 층위들이 나타난다.

추상은 무엇을 의미하는가?

맑스는 구체적 유용성으로부터 노동자의 활동의 분리를 지칭하기 위해 추상적 노동에 대해 말하고 있는데, 그것은 자본주의 아래에서 발생한다. 노동자의 생산물의 사용가치는 단지 가치, 즉 잉여 가치인 실제적인 것[사물]을 향하는 하나의 단계에 불과하다. 그래서 자본가는 노동자의 노동이 닭을 생산하든, 책을 생산하든, 자동차를 생산하든……아무런 관심이 없다. 자본가는 단지 다음에 대해서만 생각한다. 그의 노동자의 노동이 주어진 시간 단위에서 얼마나 많은 가치를 생산할 수 있는가? 이것이 자본주의적 추상 과정의 시작이다.

자본주의의 후기-근대late-modern 국면에서 디지털 추상은 자본주의적 추상에 두 번째 층을 덧붙인다. 변형과 생산이 더 이상 신체들, 물질적 조작의 영역에서 일어나지 않고, 정보 기계들 간의 상호 정보교환성interoperativity의 영역에서 일어난다. 정보가 사물의 자리를 꿰차고 신체는 소통의 영역에서 물러난다.

그 다음 우리는 추상의 세 번째 층위가 있는데, 그것은 금융적 추상이다. 금융은 가치화 과정이 더 이상 사용가치 단계를 경유하지 않거나 심지어 (물리적이든 기호적이든) 상품 생산을 경유하지 않음을 의미한다.

맑스가 묘사했던 구舊 산업 경제에서 생산의 목적은 이미 노동으로부터 잉여 가치의 추출을 통한 자본의 가치화였다. 그러나 가치를 생산하기 위해서는 자본가는 여전히 유용한 물건들을 교환할 수밖에 없었고 그래서 그는 자동차, 책 그리고 빵을 생산할 수밖에 없었다.

지시대상이 사라질 때, 이윤이 화폐의 단순한 유통에 의해 가능해질 때, 자동차, 책 그리고 빵의 생산은 불필요한 것이 된다. 추상적 가치의 축적은 인간이 빚에 종속되고 기존 자원을 약탈함으로써 가능해진다. 실제 세계의 파괴는 이처럼 유용한 물건의 생산으로부터 가치화의 이탈에서 시작되고, 금융 업계에서 가치의 자기-증식을 통해서 시작된다. 지시대상으로부터 이러한 가치의 이탈은 결과적으로 기존 세계의 파괴로 이어진다. 이것이 정확히 소위 금융 위기라는 겉표지 아래서 일어나고 있는 일인데, 사실 그것은 전혀 위기가 아니다.

자신의 책 『데이터 쓰레기』(1993)에서 아서 크로커는 디지털 가속화의 장에서 보다 많은 정보가 보다 적은 의미를 뜻한다고 적고 있다. 디지털 경제의 영역에서는 정보가 보다 빠르게 유통될수록, 가치도 보다 빠르게 축적된다. 그러나 의미는 이 과정을 감속시킨다. 의미는 생산되고, 정교화되고 이해되기 위해서 시간이 필요하기 때문이다. 그래서 정보-흐름의 가속화는 의미의 제거를 암시한다.

금융 경제의 영역에서 금융 순환과 가치화의 가속화는 실제 세계의 말소를 의미한다. 당신이 물리적 사물, 물리적 자원, 신체들을 더 많이 파괴할수록, 당신은 금융 흐름의 순환을 보다 더 가속화할수 있다.

그리스어로 파르테노스parthenos는 처녀를 의미한다. 예수 그리스도는 처녀생식parthenogenesis을 통해 태어났다. 성모 마리아는 어떠한 성적 실체와의 관계없이 자신의 아들을 낳았다. 그래서 금융 경제는 (개념 예술처럼) 처녀생식적 과정이다. 실제로 경제의 화폐화·금융화는 가치 창조의 처녀생식화를 나타낸다. 가치는 노동과 사물

간의 물리적 관계로부터 생기지 않으며 오히려 금융의 처녀생식적 힘force의 자기 증식에서 생겨난다.

마우리찌오 라짜라토가 자신의 저서, 『채무자 공장』에서 지적하듯이 노동은 더 이상 권력의 물리적 힘이 아니라 금융의 추상적 힘인 부채의 지배를 받는다.

디지털 추상은 물리적인 만남 행위의 가상화와 사물의 조작으로 이끈다. 금융적 추상은 가치 그 자체의 생산 과정으로부터 화폐의 순환을 분리하는 것으로 귀결된다.

이와 같은 추상의 새로운 층위들은 단지 노동 과정에만 관계하는 것이 아니다. 그것들은 사회적 삶의 모든 공간을 에워싼다. 따라서 디지털화와 금융화는 사회체의 직조물을 변형시켜왔고, 변이들을 유도해 왔다.

생산 과정은 정보영역에 통합되고 있고, 생산성의 가속화는 정보 흐름의 가속화로 차츰 바뀌어 가고 있다. 정신 장애와 정신 병리는 가상적 현실감-상실derealization과 가속화라는 이중 과정의 징후들이다.

일반적으로 디지털 추상과 사회적 소통 일반의 가상화가 배우고, 말하고, 상상하고 기억하는 인지 과정들에 영향을 주는 사회적 환경을 심각하게 변형시켰다.

『보고 말하는 기계』에서 로즈 골드센은 "어머니보다 기계로부터 더 많은 말을 배운 최초의 세대"에 대해 말하고, 신체적 정서로부터 이러한 언어 학습의 분리가 가져 올 효과에 대해 질문을 던진다.

『어머니의 상징적 질서』*L'ordine simbolico della madre*에서 루이자 무

라로Luisa Muraro는 언어의 형성에서 어머니의 신체가 갖는 중요성을 강조한다. 내가 단어들의 의미를 신뢰한다면, 이것은 기표와 기의 간의 관계를 애초에 내 어머니의 정서적 권위가 보증했기 때문이다. 언어에서 의미는 단순히 통사규칙의 준수와 의미론적 해석의 문제가 아니다. 그것은 신뢰와 정서의 문제다.

신자유주의적 자본주의 영역에서, 전 지구적 착취 기계에 의한 여성의 신경적·물리적 에너지의 포획 때문에 어머니들은 언어의 원천으로부터 점점 더 멀어지고 있다. 그들은 임금 노동에 의해, 그들의 정신 에너지의 네트워크화된 동원에 의해, 그리고 정서 시장의 전 지구화에 의해, 아이들의 신체로부터 분리되었다. 수백만 명의 [비서구] 여성들이 마닐라와 나이로비에 자신의 아이들을 두고서, 출근을 위해 집에 아이들을 두고 떠나는 [서구] 인지 노동자들의 아이들을 돌보기 위해 뉴욕 혹은 런던으로 떠난다.

부단히 말하고 보여주는 언어 기계들이 어머니들을 대신한다. 연결[접속] 세대는 언어 학습과 정서적 신체 간의 관계가 점점 더 적절하지 못한 경향이 있는 틀 안에서 언어를 배우고 있다.

어머니의 신체로부터 이러한 언어 분리의 장기적 효과는 무엇인가? 언어 학습 자동화의 장기적 결과는 무엇인가?

나는 이러한 질문에 궁극적 답을 내놓지 못한다. 그리고 이제 세계라는 무대에 진입하는 최초의 연결 세대의 자기-의식에 관해 우리는 아직 궁극적 결론을 이끌어낼 수 없다. 유럽과 아랍에서 분출하는 운동들에서 우리는 세계 도처에 있는 불안정한 연결 세대에 의한 장기적인 자기 조직화 과정을 얼핏 엿보았을 수도 있다. 미래가 무엇을 쥐고 있을지 누가 알겠는가?

지난 십년 간 심리적·사회적 연구, 예술, 영화 그리고 소설의 현상학은 정신 병리의 증가와 정서적 관계의 약화를 보여주고 있다. 주의력 결핍 장애, 우울증, 공황 그리고 자살 행위가 그 새로운 세대의 집단적 경험에서 증가하고 있는 추세다.

이번 세기 최초의 십년 간 문학적·예술적 현상학은 심리-영역에서 서서히 진행되는 질병에 대한 이야기를 전해왔다. 그 십년의 가장 심오한 내적 감정을 파악한 듯 보이는 작품들 중 몇 편을 열거하자면 조나단 프란젠Jonathan Franzen의 〈인생수정〉 The Corrections, 거스 반 산트Gus Van Sant의 〈엘리펀트〉 Elephant, 김기덕의 〈시간〉, 데이빗 핀처David Pincher의 〈소셜 네트워크〉 The Social Network, 멜린다 줄라이Melinda July의 〈어느 누구도 당신보다 여기에 어울리지 않아〉 No One Belongs Here More Than You, 난니 모레티Nanni Moretti의 〈우리에겐 교황이 있다〉 Habemus Papam 등이다. 이 모든 것들이 심리적 붕괴의 풍경을 보여준다.

『슬픈 열정의 시대』 L'epoque des passions tristes라는 책에서 베나사약Benasayag과 슈미트Schmidt는 파리 방리유banlieux에서 오랫동안 일해 온 정신분석가로서의 자신들의 경험을 되짚는다. 그들의 설명에 따르면 젊은 방리유자르banlieusards[성벽 바깥 거주자들] 사이에서 미래에 대한 인식이 바뀌었다. [그들에게] 미래는 더 이상 약속이 아니라 위협으로 간주될 수 있다. 불안을 야기하는 흐름이 욕망의 영역을 덮쳤다. 정보영역의 가속화가 기대감, 기호학적 자극, 그리고 신경의 흥분을 붕괴의 지점까지 밀고 갔다.

욕망과 돈

욕망과 돈은 논쟁적 관계에 있다. 돈은 구입에 관한 것이고, 욕망은 창조에 관한 것이다. 첫 번째 공저, 『안티 오이디푸스』와 함께 시작하는, 들뢰즈와 가따리의 결정적 조처가 욕망desire과 욕구need 간의 개념적 차이1를 끌어내는 것이었음을 잊지 말자. 욕망은 부족, 결핍의 조건으로 간주되어서는 안 된다. 오히려 그것은 창조적 활동으로, 시각/시력의 향상으로 간주되어야 한다.

돈이 주도적으로 사회에 대한 심리적 투자investment를 할 때, ─ 신자유주의 승리의 여파에서처럼 ─ 욕망은 역설적 전환을 취하고 욕구, 결핍 그리고 비참함을 생산하기 시작한다. 금융적 추상의 결과는 끝없는 욕망의 부단한 탈영토화다. 광고와 소비주의의 함정에서 욕망은 금융 기계와의 의존 관계 속으로 끌려들어간다. 1990년대에 신용카드 시스템이 미국의 욕망을 투자했고, 기만적인 무한 소비로 가는 길을 열어 놓았다. 욕망의 경제적 투자는 1990년대 가상적 경제의 최초의 원천이었고 그 후 2000년 닷컴 거품의 폭발은 욕망의 단락短絡을 공황과 우울 속으로 몰아넣었다.

2008년 9월 이후, 미국인들은 실업, 도시 빈곤, 사회적 소비의 격감, 하부구조의 부패와 같은 반발을 겪고 있다.

금융 이데올로기는 사회적 불안정성이라는 맥락에서 번성하고 있다. 전망들이 불확실할 때, 당신은 미래에 투자하라고 권유를 받는다. 복권, 인터넷 상거래, 위험 감수risk-taking, 이것들은 금융 자본주의가 모든 사람에게 제공하는 기회들이다. 거품은 커져가고, 그래서 터지고, 대다수의 사람들은 자신의 돈을 잃는다. 당신은 결코 돌아오지 않을 미래의 수익에 베팅을 하면서 자신의 신용카드를 한도액까지 심지어 그 이상도 사용할 수 있다. 당신은 사기를 당하는 당신 덕분에 번성하는 은행의 채무자다. 욕망을 욕구로 바꾸는 것, 즉 욕망의 금융적 투자는 의존과 비참으로 가는 길을 닦아 놓는다.

근대의 부르주아는 물질적 자산에 연결된, 강하게 영토화된 계급이었다. 그들은 영토 및 공동체와 자신들의 관계를 예리하게 의식하고 있었던 계급이었다. 그들의 부와 번영은 공장, 가옥, 창고에 저장된 상품들 같은 물리적 자산의 소유에 근거하고 있었다. 노동자들의 복지는 대중 시장의 창출과 부르주아 자본주의의 번영에 본질적인 것이었다.

산업 부르주아는 사회를 발전시키려는 목적으로 노동자들을 착취했다. 그들은 노동자들로부터 잉여가치를 착취하기 위해 사회를 발전시켰다. 그와 반대로 금융 계급의 수익은 영토, 도시, 마을^{bourg}의 실제적 풍요와 연결되지 않는다. 마을이 전 지구적이 될 때, 부르주아는 사라지고 부르주아 도덕은 힘을 잃는다. 부르주아의 무의식은 노동과 욕망의 분리, 그리고 성적 충동의 억압과 쾌락의 연기에 기반하고 있었다.

부르주아 시대가 저물 무렵, 금융 자본주의 승리의 여파로 욕망이 시장의 공간을 쳐들어오고 시장은 욕망의 공간을 침략한다. 노동과 자기-실현은 새로운 경제적 전망 안에서 합쳐져야 한다. 개인들은 자유로운 행위자들이 되어야 한다. 더 이상 삶시간과 노동시간 간의 구별이 존재하지 않는다. 당신의 모든 시간은 돈을 버는 데

바쳐져야 한다. 돈이 욕망의 자리를 취했기 때문이다.

이탈리아 정신분석가 맛씨모 레칼카띠Massimo Recalcati가 『무의식적 인간』L'uomo senza inconscio(2010)에서 지적했듯이 금융 시대에 사회적 무의식은 폭발하는데, 그것은 이 무의식이 도처에 있기 때문이다. 탈영토화는 돈과 욕망의 영속적 조건이 된다.

현재를 지배하는 금융 계급은 영토에도, 물질적 생산에도 아무런 애착이 없다. 왜냐하면 그들의 권력과 부는 디지털적으로 증가된 금융의 총체적 추상에 근거하고 있기 때문이다. 이러한 디지털-금융의 과잉추상은 사회체와 지구라는 살아있는 신체 모두를 팔아치우고 있다.

경제에서 인터넷의 가장 중요한 효과들 중의 하나는 젊은 전문직 종사자들과 인지 노동자들 사이에서의 온라인 거래의 확산이었다. 이와 같은 투자자들의 무한한 증식은 투자의 개인적 책임과 사회적 효과 간의 관계를 발견할 수 없도록 만든다. 더 빈번히 금융 투자의 경제적 이해관계는 부정적인 것이 되어, 구체적 자원들을 파괴한다. 당신은 공장폐쇄, 노동자 해고, 사람들의 죽음에 내기 돈을 걸 수 있다. 당신은 질병의 확산에 내기 돈을 걸 수 있다. 금융 경제는 반생산적 힘으로서 작동할 수 있으며, 점점 더 잘 작동하고 있는데, 이것은 돈의 축적이 사용가치의 실제적 창출과는 완전히 절연되었기 때문이다.

인터넷 경제 창출의 이야기는 즐거움과 우울증의 이야기와 연결된다. 그리고 1990년대의 경제 팽창은 앨런 그린스펀의 "비합리적 활기"의 광기로부터 분리될 수 없다. 1990년대의 닷컴 경제에 열

광했던 사람들은 프로작 중독자와 분리될 수 없었다. 항우울제와 암페타민의 확산이 가상세계를 창조한 신경적 원천이었던 것처럼, 그것은 집단 지성과 디지털 기계의 결합된 힘이 마술을 부려 만들어 낸 실재하지 않는 세계다.

2000년 초에 닷컴 경제가 추락했을 때, 많은 사람들은 가상세계가 부패할 운명이라고 생각했다. 실제로 상황은 전혀 다르게 진행되었다. 디지털 기술이 불러낸 실재하지 않는 세계는 사라지지 않았다. 인터넷은 여기에 머물고 있다. 그리고 사회적 소통의 가상화는 2000년에 멈추지 않았다.

그러나 2000년에 닷컴의 몰락은 금융 자본과 인지 노동 간의 사회적 관계에 돌이킬 수 없는 전환을 나타냈다. 기업을 만들 수 있었던 인지계급cognitarians은 금융 권력과 절연되었고 분리되었다. 그리고 마침내 불안정한 노동력의 역할을 떠맡게 됐다.

욕망의 디지털적 유통, 정보영역의 가속화, 집단 주의력의 과부하, 그리고 향정신 자극제의 남용은 닷컴/프로작 몰락의 심리적 방아쇠였다. 그리고 그 몰락은 인지 노동의 권한 박탈로 가는 길을 열었다. 일반 지성의 해체는 닷컴/프로작 몰락의 고통 속에서 시작되었다. 클린턴이 주도한 제국의 신기루라는 기분 좋은 십년 세월은 무한 전쟁, 전 지구적 테러, 자살의 십 년 세월에 길을 내주었다. 2008년의 금융 붕괴는 금융 대용품 시대의 예상 가능한 결론이었다. 그러나 금융 계급은 그 실패를 인정하고 싶어 하지 않으며 세계 도처에서 신자유주의 통화 정책에 대한 위험한 도박이 강요되고 있다.

1990년대 인터넷을 키웠던 이데올로기는 무한 에너지, 무한 팽창, 무한 자원이라는 전제에 기반을 두고 있었다. 구 경제는 ─ 과거 산업 시대의 경제 ─ 결핍이라는 전제에 기반을 두고 있었다. 왜냐하면 고갈될 수 있는 물질적 자원들에 기반을 두고 있었기 때문이다. 대신에 신 경제는 『와이어드』*Wired*지의 선동가들인 피터 슈월츠Peter Schwartz와 피터 레이덴Peter Leyden에 의해 길고도 끝없는 호황으로 형상화되었다. 이 생각은 인터넷의 무한한 능력이라는 전제를 아래에 깔고 있었다. 왜냐하면 인터넷은 비물질적 실체(정보)의 계속 팽창하는 영역이기 때문이며, 지적 생산성은 물질적 구속에 의해 제한되지 않기 때문에, 네트워크 경제는 영원히 지속될 것으로 그리고 시장과 가치의 지속적 팽창을 야기할 것으로 기대되었다.

이러한 전제들 중의 단지 한 가지만이 사실이었다. 인터넷은 실제로 계속 팽창하는 공간이라는 것 말이다. 그러나 정신적 에너지가 무한하다는 전제는 착각이었다. 『와이어드』지의 이데올로기는 거짓임이 드러났다. 왜냐하면 그 선동가들이 경제의 주관적 측면을 고려하지 않았기 때문이다. 주의력 시장은 과부하 상태로 들어갔고 결과적으로 기호의 과잉생산을 낳았다. 그리고 전 지구적 정신은 미쳐버렸다. 개인적 두뇌들과 신체들이 무제한적으로 계속해서 빨라질 수는 없었기 때문이다. 심心적 자원들의 고갈가능성은 사이버 영역의 내재적 한계이다. 네트워크 경제의 무한한 호황이라는 꿈은 깨져버렸다. 왜냐하면 심적 에너지는 무한하지 않기 때문이며, 지구의 심적 자원들은 무한하지 않기 때문에, 네트워크 집단 지성의 무한 능력은 심적 에너지의 유한성에 의해 제한을 받기 때문이다.

불가능한 친구관계

(핀처의 페이스북 영화에서의 **대용품**의 논리)

금융 자본주의와 불안정한 노동, 외로움, 고통 그리고 감정이입과 감수성의 위축. 이것이 데이빗 핀처의 뛰어난 영화, 〈소셜 네트워크〉의 주제다. 그 영화 속 이야기는 소셜 네트워크 페이스북의 창조와 초기 확산에 관한 것이다. 그것은 금융 기호-자본주의 시대에 한 기업에 관한 영화다. 그러나 그 영화의 초점은 광대역 기술이 가능하게 했던 정보 가속화와 자극-강화의 맥락에서 인터넷 진화의 심리적 측면으로 옮아간다. 사랑, 우정, 정서-감정의 전체 영역은 어머니보다 기계로부터 더 많은 언어를 배웠던 최초의 세대를 둘러싸고 있는 정보영역의 리듬의 강화에 의해 투여된다.

비록 그 이야기가 페이스북의 탄생에 관한 이야기이고, 뒤이어 나오는 법정 공방과 재판은 실제 이야기와 일치할지라도, 영화 속에 나타난 자전적 세부사항들(가령 영화 첫 장면에 나오는 사랑의 파국)이 꼭 사실에 근거한 것은 아니지만, 인지 노동력의 사회적 삶의 정서적인 측면을 충분히 이해하는 데 도움이 된다.

영화의 주인공, 마크 주커버그Mark Zuckerberg는 분명히 승리자로 묘사될 수 있다. 그는 세상에서 최연소 억만장자다. 그리고 그는 불과 수년 만에 5억 명의 사용자를 가진 세계적으로 유명한 회사를 소유하고 있다. 그럼에도 불구하고 그를 행복한 사람으로 보기는 어렵다. 여성 및 동료와의 관계를 고려해보면, 그는 패배자로 묘사될 수도 있다. 우정은 그에게 불가능한 것처럼 보인다. 그의 웹사이트의 성공은 표준화된 프로토콜을 가진 사랑과 우정의 인위적 대용물이 부여한 것이다. 실존적 불행과 상업적 성공은 동전의 양면으로 간주될 수 있다. 핀처의 영화는 너무도 절묘하게 주커버그 세대의 심리적 욕구를 해석한다. 외로움과 정서적 좌절을 주커버그의 내적 심리-풍경으로 묘사하면서 말이다.

욕망은 물리적 접촉에서 이탈해서 모의된simulated 유혹의 추상적 영역으로, 이미지의 무한한 공간으로 투여된다. 육체에서 분리된 상상력의 끝없는 상승은 결과적으로 성애적 경험의 가상화로 이어지고, 하나의 대상으로부터 다음 대상으로의 무한한 탈주로 이어진다. 가치, 돈, 금융적 흥분. 이것들은 이러한 욕망의 가상화의 완전한 형식들이다. 경제 영역에서 심리적 에너지의 영구적 유통은 접촉의 가상화의 원인이며 동시에 결과이다. "접촉"이라는 단어는 접촉과 정반대의 의미가 된다. 접촉은 신체적 감촉, 달리 말해 타자의 감각적 현존을 피부로 느끼는 인식이 아니라 순수하게 지적인 지향성, 타자에 대한 가상적 인식가능성이 된다. 인간 진화의 긴 역사에서 어떤 종류의 변이가 진행 중인가를 예측하는 것은 어렵다. 우리가 아는 한, 이 욕망의 가상적 투여는 오늘날 사회적 연대의 병적인 허약화와 공감적 느낌의 경직을 유발한다.

주커버그의 천재성은 본질적으로 군중의 고통, 집단적 외로움과 좌절의 비참한 에너지를 전유하는 능력에 있다. 원래 그 웹

사이트의 기획은 타일러Tyler와 카메론 윙클보스Cameron Winklevoss 라는 이름의 부유한 하버드 쌍둥이에게서 비롯되었는데, 그들은 주커버그를 프로그래머로 고용하고 싶어 했다. 주커버그는 그들을 위해 일하는 척하지만 실제로는 그들의 생각을 쥐고 흔든다. 비록 주커버그가 그 기획을 현대인의 소외에서 나오는 심리적 욕구와 연결하는 점에서 쌍둥이들보다 훨씬 능력이 있기는 했지만 말이다.

주커버그가 이 두 명의 학부생에게서 그 생각을 훔쳤는가? 그럴 수도, 아닐 수도 있다. 실제로 네트워크에서 가치화 과정의 서로 다른 국면들을 명확히 구별하는 것은 불가능하다. 왜냐하면 그 네트의 생산력은 집단적인 반면, 이윤은 사적이기 때문이다. 여기서 우리는 기호-자본주의의 바로 그 토대를 흔드는 네트의 집단 지성과 그 산물들의 사적 전유 사이에 치유할 수 없는 모순을 발견한다.

이 영화는 불안정의 시대에 삶과 노동에 관한 흥미로운 관점을 제공한다. 불안정이라는 단어는 우발적이고, 불확실하고, 흔들린다는 의미이다. 그것은 노동관계의 불확실성을 지칭할 뿐 아니라 시간의 파편화와 사회적 생산 요소들의 끝없는 탈영토화를 지칭하기도 한다. 사실상, 노동과 자본 모두 더 이상 영토 혹은 공동체와 안정적 관계를 맺지 못한다. 자본은 금융 회로를 순환하고 기업은 더 이상 영토화된 물질적 자산에 근거하는 것이 아니라 기호들, 생각들, 정보, 지식 그리고 언어의 교환에 근거한다. 기업은 더 이상 영토에 연결되지 않으며, 노동 과정은 더 이상 날마다 공장에서 함께

생활하는 노동자 공동체에 의존하지 않는다. 대신에 전 지구적 네트워크에 연결된 시간의 조각들의 변화무쌍한 재결합 형태를 취한다. 인지 노동자들은 매일 같은 장소에서 만나지 않고, 네트워크화된 칸막이 좁은 방에서 시시때때로 변하는 고용주들의 요구에 답하면서 홀로 일한다. 자본가는 더 이상 노동자들의 생산적 에너지를 착취하기 위하여 종신 고용 계약서에 서명하지 않는다. 그는 더 이상 노동자의 전체적 유용성을 구입하지 않는다. 그는 이용가능한 시간의 일정한 부분을 고용한다. 시간의 다른 부분들과 재조합할 수 있고, 상호기능성의 프로토콜과 호환 가능한 프랙탈적 시간 말이다.

산업 노동자들은 연대성을 경험했다. 왜냐하면 그들은 동일한 이해관계를 공유하는 동일한 공동체의 구성원들이고 매일 서로 만나기 때문이었다. 반면 인터넷 노동자들은 혼자이고, 따라서 연대성을 만들어낼 수 없다. 왜냐하면 모두가 불안정한 임금 때문에 인력 시장에서, 일상적 투쟁에서 어쩔 수 없는 경쟁을 해야 하기 때문이다. 외로움과 인간적 연대감의 결핍이 노동자의 상황을 특징짓기도 하지만 기업가의 상황을 특징짓기도 한다. 인지 노동의 영역에서는 노동과 기업을 나누는 경계선이 뒤섞인다. 마크 주커버그가 억만장자이기는 해도, 그가 자신의 노동시간을 소비하는 방식은 자신의 고용인들이 노동시간을 소비하는 방식과 다르지 않다. 그들 모두가 컴퓨터 앞에 앉아서 키보드로 타자를 친다.

그 영화의 주인공은 ─ 핀처가 묘사한 주커버그 ─ 단지 한 명의 친구가 있을 뿐이다. 에두아르도 세버린Edouard Severin, 그는 페이스북 사업의 최초의 출자자가 된다. 사업이 성장해서 새로운 출자자들을 요구할 때, 주커버그는 유일한 친구를 주저 없이 배반한다. 이것이 금융계의 사적 관계의 전형적 특징일 뿐 아니라 불행하게도 노동자들 관계의 전형적 특징이기도 하다. 그 영화는 억만장자의 이야기를 하고 있지만, 그것은 또한 노동의 사회적 조건에 대해 말해주기도 한다. 그것은 사회성의 가상적 추상화라는 현재의 조건에서는 우정이 불가능하다는 것, 그리고 삶을 경쟁적 시간의 조각들을 담는 추상적 용기容器로 만들어버리는 사회에서는 연대가 불가능하다는 것을 말해준다.

호흡, 음모, 연대

오래 전에, 나는 우연한 기회에 연극의 한 배역으로 참여한 적이 있었다. 오래된 이탈리아 극장에서 수백 명의 사람들이 집단 주문[만트라]mantra 2을 위해 모였다. 조화로운 소리들의 방출, 공유된 호흡, 그리고 하나의 입에서 다른 입으로, 하나의 신체에서 다른 신체로 전해지는 음파 덕분에 한동안 지속되는 공유된 소리. 나는 봉기 운동을 구성하는 형식으로서 만트라에 대해 상세히 설명하고 싶다.

호흡과 특이성들singularities 3 사이에 이루어지는 조화와 부조화라는 관점에서 사회적 관계를 생각해보자. 유기체는 공통의 공간에서 만나고, 갈등하고, 상호작용한다. 힌두 요가수행자의 지혜는 개인적 호흡atman을 그 유기체가 우주적 호흡prana과 맺는 관계 그리고 물리적 환경과 맺는 관계로 상상한다.

물리적 유기체는 도시, 공장, 대기 등의 자연 환경과 상호작용한다. 또한 심리적 유기체는 심리적 반응에 영향을 주면서 정보-자극이 순환하는 정보영역과 상호작용한다.

후기-근대 시대에 우리는 공기, 물 그리고 음식의 오염이 증가하는 것을 경험한다. 산업 낙진이 천식, 폐암, 그리고 호흡기 질환을 유발한다. 그러나 개인 및 집합적 유기체의 심리적 호흡과 관계가 있는 또 다른 종류의 오염이 있다. 미디어 체계에 의해 정보영역에 퍼지고 있는 기호적 흐름들은 심리영역을 오염시키고 특이성들의 호흡에 부조화를 야기한다. 두려움, 불안, 공황 그리고 우울증은 이러한 종류의 오염의 병리적 징후들이다.

어떻게 특이성들이 사회적-심리적 생성에서 연결되고 있는가를 이해해보자. 의식적이고 감성적인 유기체들 간의 연쇄는 결합적conjunctive 연쇄로서 일어날 수 있고, 연결적connective 연쇄로서 일어날 수도 있다. 인간 존재는 언어적이고, 감각적으로 상호작용할 수 있는 능력 덕분에 결합할 수 있다. 학자들은 언어적 소통 현상을 광범위하게 연구해왔다. 그리고 우리는 미디어가 그것을 변경하고 풍부하게 할 수 있지만 그것을 빈곤하게 할 수도 있음을 알고 있다.

감수성이라는 또 다른 연쇄의 층위가 있다. 우리는 그것을 보다 잘 이해해야 한다. 감수성은 언어로 말해질 수 없는 것을 소통하는 인간 존재의 능력이다. 결합을 이용할 수 있기 때문에, 사회적 유기체는 정서, 감성적 이해, 사회적 연대에 열려 있다. 문화적 흐름들 ― 향정신성 실체들인 음악과 시 ― 은 결합 능력을 도와줄 수도 있고 방해하고 오염시킬 수도 있다.

감수성이란 우리가 우리의 물질로 구성되지 않은, 우리의 언어로 말하지 않는, 이산離散적, 언어적이거나 디지털적인 기호들의 소통으로 환원될 수 없는 실체들과의 관계 속으로 들어가는 것을 허용하는 능력이다.

감수성은 리좀과 조화를 이루는 능력이다.

> 연결과 이질성의 원칙들 : 리좀의 어느 점도 다른 어느 점하고 연결될 수 있으며 그렇게 되어야 한다 …… **언표행위의 집합적 배치들은 기계적 배치들** 안에서 직접 기능한다 ; 기호의 체제들과 그들의 대상들 간의 관계를 급격히 단절하는 것은 가능하다 …… 난초는 하나의 이미지, 말벌의 모사模寫를 형성함으로써 탈영토화한다 ; 그러나 말벌은 그 이미지 위에 재영토화된다. 말벌은 그럼에도 불구하고 난초의 생식 장치 중에 하나의 부품이 됨으로써 탈영토화된다. 그러나 말벌은 난초의 꽃가루를 실어 나르면서 난초를 재영토화시킨다. 이질적 요소들인 말벌과 난초는 리좀을 형성한다. (Deleuze and Guattari, 1987, 7~10)

존재론적, 목적론적 혹은 심지어 물리적 평면 위에서 말벌과 난초는 동질적이지 않다. 그들은 심지어 두 개의 다른 영역에 속한다. 그러나 이것이 그들이 하나의 연쇄[배치]s'agencer를 생성한다는 의미에서 협력하는 것을, 그리고 그렇게 함으로써 이전에는 거기에 있지 않았던 무언가를 생산하는 것을 막지 못한다. "존재하라, 존재하라, 존재하라!"는 위계적 사유를 지배하는 형이상학적 외침이다. 리좀적 사유는 "연결하라. 연결하라. 연결하라!"를 의미한다.

생성의 원칙은 결합적 연쇄에 있다.

난초의 말벌-되기 그리고 말벌의 난초-되기 …… 이 생성들 각각은 한 항項의 탈영토화와 다른 항의 재영토화를 야기한다 ; 그 두 가지 생성들은 그 탈영토화를 훨씬 멀리 밀고 나가는 강렬도들의 순환에서 상호 연결되고 릴레이를 형성한다. 어떠한 모방이나 유사성도 없다. 단지 의미화[기표화]하는 어떤 것에 더 이상 종속되거나 귀속될 수 없는 공통의 리좀이 구성하는 탈주선 상에 있는 두 개의 이질적 계열들의 폭발이 있을 뿐이다. 레미 쇼뱅Remy Chauvin은 그것을 잘 표현한다. "절대적으로 서로 상관이 없는 두 존재들의 **평행적 진화**" (Deleuze and Guattari, 1987, 10)

결합/연결

결합과 연결은 사회적 연쇄의 서로 다른 두 개의 양상들이다. 결합이 타자-되기, 생활living, 그리고 예측할 수 없는 신체들의 연쇄를 의미한다면, 연결은 미리 호환 가능한 언어적 단위들로 환원된 유기체들의 기능적 상호정보교환 가능성을 의미한다.

사회적 삶에서 연결적 양상(네트워크)의 확산은 우리가 아직은 완전히 이해할 수 없는 인류학적 변천의 조건을 창조한다. 이러한 변천은 의식적 유기체의 변이를 포함한다. 연결적 기계와 양립할 수 있는 의식적 유기체를 만들기 위해, 그 인지 시스템은 다시 포맷되어야 한다. 따라서 의식적이고 감성적인 유기체는 그래서 주의력, 과정, 결정 그리고 표현을 포함하는 변이의 과정에 종속되고 있다. 전 지구적 네트의 재조합 기술에 순응하기 위해서 정보의 흐름들은 가속화되어야 하고, 연결 능력은 권한을 부여받아야 한다.

이러한 변이가 인간 인지의 결합 능력을 둔하게 만들고 있다. 특히 어머니보다 기계로부터 더 많은 말을 배웠던 최초의 연결 세대들의 감수성, 즉 인간의 본질적 결합 능력을 둔하게 만들고 있다.

현재의 인류학적 변천을 이해하기 위해서 우리는 결합과 연결의 의미에 집중해야 한다.

결합은 타자-되기다. 대조적으로, 연결에서 각 요소는 차이적인 것distinct으로 남고 단지 기능적으로만 상호작용한다. 특이성들은 그것들이 결합해서 결합 이전의 그것들과는 전혀 다른 무엇이 될 때 변화한다. 사랑은 연인을 변화시키고, 비의미화asignifying 기호들의 조합은 이전에 존재하지 않던 의미의 생성을 야기한다.

연결은 부분들의 융합fusion이라기보다 기계적 기능성의 단순한 효과를 수반한다. 연결하는 물질들의 기능성은 그것들에게 접점과 상호 정보교환성을 대비시키는 기능적 모델링으로서의 연결에 내포되어 있다. 연결이 가능해지기 위해서 부분들은 언어적으로 호환 가능해야 한다. 연결은 연결될 필요가 있는 부분들을 호환 가능한 것으로 만드는 선행과정을 요구한다. 실제로 디지털 웹은 증가하는 많은 요소들을 하나의 포맷으로, 즉 서로 다른 요소들을 호환될 수 있게 만드는 코드와 표준으로 점진적으로 환원시키는 것을 통해 확장한다.

우리 시대에 진행 중인 변화의 과정은 의식적 유기체들 간의 교환의 패러다임인, 결합에서 연결로의 이행에 집중되고 있다. 이 변화를 주도하는 요소는 유기체 안에 전자적인 것을 삽입하는 일이다. 달리 말해 유기적 우주, 신체, 소통 그리고 사회 내에서 인공 장치들의 증식 말이다. 그러나 이러한 변화의 효과는 의식과 감수성 간의 관계의 변형이고, 기호들의 교환에서 증가하는 탈감각화 desensitization다.

결합은 정확성, 반복, 완벽함 없이 계속 요리조리 휘젓고 다니는 둥글고 불규칙한 형태들의 만남이자 섞임이다. 연결은 알고리듬적 기능들, 직선들 그리고 정확히 중첩하는 점들의 엄격하고 반복 가능한 상호작용이다. 그리고 연결은 미리 수립된 기준에 서로 다른 부분들을 양립하도록 만드는 상호작용의 분리된 양식에 따라 접속하거나 접속을 끊는다. 의식적 유기체들의 상호작용의 지배적 양식으로서 결합에서 연결로의 이행은 기호들의 점진적 디지털화 그리고 관계들의 점증하는 매개화의 결과다.

소통 과정들의 디지털화는 일종의 탈감각화를 점진적 생성의 지속적 과정인 만곡curve으로 유도한다. 그리고 일종의 감각을 상태의 갑작스런 변화와 분리된 기호들의 계열들인 코드로 유도하고 있다.

결합은 해석의 의미론적 기준을 수반한다. 당신과 결합에 참여하는 타자는 당신에게 의미를 발송하는데, 당신은 필요하다면, 그의도, 문맥, 사소한 의미의 차이, 말해지지 않은 것 등을 더듬어 그것을 해석해야 한다.

연결은 순수하게 통사적인 해석의 기준을 요구한다. 해석자는하나의 시퀀스[연속된 순서]를 인식해야 하고 "일반 통사"(혹은 운영체제)가 예견한 그 작용을 수행할 수 있어야 한다. 메시지의 교환에서 모호함의 여지는 있을 수 없고, 그 의도도 역시 의미의 미묘한 차이들을 통해 명백해질 수 없다. 의미론적 차이들의 통사적 차이들로의 점진적 변형은 근대 과학 합리주의를 사이버네틱스4로 이끌었고 결국 디지털 웹의 탄생을 가능하게 했던 과정이다.

그러나 만일 당신이 해석의 통사적 방법론을 인간에게 확장한다면, 인지적이고 심리적 변이는 진행 중이다.

이 변이는 실제로 의식적 유기체에 고통스러운 결과들을 낳고있다. 그리고 이 결과들은 정신 병리학적 범주들, 즉 난독증, 불안과무관심, 공황과 우울증 같은 것들로 해석될 수 있다. 그러나 병리학적 기술description로는 그 질문의 깊은 의미를 파악하지 못한다. 실제로 보다 중요한 것은 변화하는 환경에 적응하려는 의식적 유기체의시도다.

효율적으로 연결적 환경과 상호작용하기 위해서 의식적·감성적인 유기체는 우리가 감수성이라고 부르는 것을 일정 정도 억압하기 시작한다. 내 의견으로는 이것이 현재 진행 중인 인지를 재포맷하기reformatting의 핵심이다.

감수성 ─ 언어 기호 혹은 디지털 기호로 표현될 수 없는 것을 이해하고 해석하는 능력 ─ 은 인지적 본성의 통합된 체계 안에서는 쓸모없고 또한 위험한 것일 수 있다. 감수성은 해석 절차를 우연한 것, 모호한 것, 불확실한 것으로 만들고 그래서 기호 행위자의 경쟁 능력을 약화시키면서 해석 절차를 느리게 한다.

윤리적 차원이 이 과정에 포함된다. 일종의 윤리적 무감각이 지난 세대 인간의 행위를 특징짓는 것으로 보인다. 그러나 우리가 윤리적 영역에서 그러한 (정서)장애를 이해하고 싶다면 우리는 우리의 주의를 윤리적 장애 쪽으로 옮겨야 한다. 윤리적 장애, 즉 개인적이고 집단적인 삶을 윤리적으로 관리할 수 없다는 것은 타자와 자신에 대한 인식, 즉 감수성의 장애로부터 따라 나오는 것으로 보인다.

구성과 재조합

구성composition에 대해 말할 때, 나는 공유된 호흡의 형식을 의미하고 있다. 즉 협력, 공모conspiracy, 함께 성장하기, 결합된 기대, 융합하는 삶의 양식 같은 것들 말이다.

재조합recombination에 대해 말할 때, 나는 양립[호환] 가능성과 기능적 조작을 의미하고 있다.

사회적 구성요소들(개인들) 간의 관계가 압도적으로 재조합적일 때, 사회적 유기체는 경직되고 약해진다. 연대가 어려워진다는 얘기다.

사회적 연대는 윤리적이거나 이데올로기적인 가치가 아니다. 그것은 시간과 공간 속에 존재하는 개인들 간의 관계의 지속성에 의존한다. 연대의 물질적 토대는 신체 안에 있는 신체의 지속성[연속성]에 대한 인식이고, 나의 흥미와 당신의 흥미가 갖는 일관성을 즉각적으로 이해하는 것이다.

예를 들어 공산주의의 공모conspiracy는 산업 노동자 계급이라는 사회체 안에서 연대를 가능하게 하는 심리적·문화적 에너지였다. 현실 공산주의의 권위주의적 실상에도 불구하고 말이다.

1980년대 이후 불안정이 노동의 사회적 구성의 탈연대화와 분해의 과정을 야기했다. 가상화는 탈연대화를 보충하는 원인이었다. 불안정화는 사회체를 노동의 층위에서 취약하게 만들었고, 반면 가상화는 사회체를 정서의 층위에서 유약하게 만들었다.

노동의 불안정한 조건 안에서 집단적 호흡은 파편화되고, 가상 기계의 가속화하는 리듬에 종속된다. 노동의 프랙탈적 파편화는 금융 자본의 프랙탈화에 병행하며 보충적이다. 금융 자본주의는 탈영토화되고 가상적이며, 추상적 소유권의 가상적 파편들의 부단한 재조합으로서 기능한다.

사회적 소통에 연결의 원칙이 도입됨으로 인해, 공감하는 능력은 약해지고, 기능적 재조합이 비인격적impersonal 토대 위에 발생한다.

감정이입이 되지 않는 것은 사회적 소통의 이러한 부조화의 결과다. 프랙탈적 신체의 성욕sexuality은 공황의 형태로 노출되고, 욕망은 포르노그래피의 불감증적 난교에서 셀 수 없이 많은 방향들로 동시에 이끌린다.

리듬과 후렴구

후기-근대의 리듬은 기계의 질서정연한 소음에 의해 살펴볼 수 있다. 록과 펑크punk 음악은 기계적 리듬을 위한 요령을 물려받았다. 그렇지만 그들은 결국 이러한 재능을 기계에 대한 분노[레이지 어게인스트 더 머신]rage against the machine 5로 바꾸어냈다. 『소리의 전쟁, 사운드 정동과 두려움의 생태학』*Sonic Warfare, Sound Affect and the Ecology of Fear*(2010)에서 스티브 굿맨Steve Goodman은 사회적 삶에 반대하는 리듬의 공격을 묘사하고 있다.

> 2차 세계대전 중 정서적 동원을 위한 기제로서, 히틀러가 스피커를 사용한 것으로부터 빈 라덴이 오디오에 녹음된 메시지들을 사용한 것까지, 소리의 전쟁 기술은 이제 일상으로 스며들었다. (Goodman, 2002, 5)

둘러싸고 있는 소리의 파노라마와 특이성의 흔적들 간의 관계를 묘사하기 위해서 가따리는 리토르넬로retournel 6 혹은 후렴구에 대하여 말한다.

> 어둠에 대한 두려움 때문에 밤에 노래하는 아이는 자신의 취향 때문에 너무도 급히 탈영토화하는 사건들, 그리고 조화cosmos와 상상계 안에서 증식하기 시작하는 사건들에 대한 통제권을 다시 수립하려

고 한다. 그래서 각 개인, 각 단체, 각 국가는 카오스를 기원하는 일련의 기본적 후렴구들로 스스로를 무장한다. (Guattari, 2001, 107)

그 후렴구는 개인 ― 지속적 변이 상태에 있는 의식적 유기체 ― 이 동일시의 지점들을 발견하고, 스스로를 영토화하고 주변 세계와의 관계 속에서 스스로를 재현하도록 허용하는 강박적 의식이다. 그 후렴구는 한 개인(개별집단, 개별민족들, 개별국가, 개별 하위문화, 개별운동)이 재생산할 수 있고, 소통할 수 있는 포맷들에 따라 세계를 수용하고 투사하는 것을 허용하는 기호화의 양상이다.

우주적, 사회적 그리고 분자적 우주가 개인적 인식을 통해 걸러질 수 있기 위해서, 기호적 거름망이 작동해야 하고 우리는 그것들을 후렴구들이라고 부른다.

사회에 의한 시간 인식은 사회적 후렴구에 의해 형성된다.

이러한 관점으로부터 볼 때, 보편적[우주적] 시간은 가설적 추정에 불과한 것으로 보인다. 일반화된 등가적 시간, 무미건조한 자본주의적 시간. (Guattari, 1995, 16)

근대 자본주의의 중요한 문화적 변형은 사회에 스며들어 사회를 훈육하는 시간 인식에 대한 후렴구의 창출이었다. 공장 노동의 후렴구, 임금의 후렴구, 조립 라인의 후렴구 등등.

디지털 이행은 그것과 함께 새로운 후렴구들을 가지고 왔다. 전자적 파편화, 정보의 과중, 기호적 교환의 가속화, 시간의 프랙탈화,

경쟁의 후렴구들 말이다.

후렴구의 본질적 특징은 리듬이다. 그리고 리듬은 특이한 후렴구와 보편적 카오스들 간의 관계의 특별한 배치configuration다.

> 카오스는 리듬의 반대가 아니라 모든 환경들의 환경이다. 하나의 환경에서 다른 환경으로의 코드변환된 통로가 있을 때마다 리듬은 존재한다. 환경들의 소통, 이질적 시공간들 간의 조직[조화]. (Deleuze and Guattari, 1987, 345)

리듬은 기호들(음악적, 시적, 몸짓의 기호들)의 주체적 흐름들이 환경, 즉 우주적 환경, 지구적 환경, 사회적 환경과 맺는 관계이다.

리듬은 사회적 삶 도처에 있다. 노동, 전쟁, 예식, 그리고 사회운동들 각각은 그들만의 특별한 리듬을 갖고 있다.

카오스모스적 수준에서 리듬은 호흡과 주변 우주 간의 연쇄다. 가따리의 용어로 후렴구는 이러한 연쇄를 창조하는 유일한 방식, 즉 특이성과 환경 간의 배치다.

사회적 수준에서 리듬은 신체가 언어의 사회적 연쇄와 맺는 관계다. 사회적 환경은 후렴구들(리토르넬로)로 특징지어지는데, 후렴구는 특이한 양식을 표현함과 동시에 행위자와 사회의 관계를 표현하는 몸짓들과 기호들의 반복이다.

만트라[주문]

2011년 유럽 국가들에서 시작된 금융 자본주의에 반대하는 봉기는 하나의 만트라로 볼 수 있다. 그 만트라는 결합적 신체를 재활성화하려는 시도이고, 사회적 외피와 사회적 영혼을 가로지르는 불감증적 병리학에 대한 치료의 형식이다.

격변, 봉기, 반란 그리고 폭동들, 이러한 말들은 군사적 의미로 해석되어서는 안 된다. 반자본주의 운동이 폭력적 행위들을 조직하는 것은 현명한 짓이 못될 것이다. 왜냐하면 권력이 살인 전문가 군대들로 보호를 받고 있을 때, 폭력은 불능[무능]을 병리학적으로 증명하는 것이기 때문이다. 그럼에도 불구하고 우리는 영국에서의 2011년 8월과 로마에서의 9월 15일 같은 불안정한 분노와 폭력의 거대한 폭발을 목격할 것이다.

봉기는 종종 정신병적 폭력 현상에 자리를 내주고는 할 것이다. 우리는 놀라서는 안 된다. 우리는 이런 행위들을 범죄라고 비난해서도 안 된다. 너무나 오랫동안 금융독재가 사회체를 억압해왔고 지배 계급의 냉소주의는 역겨운 것이 되었다. 이것이 우리가 폭력적 폭발이 분출할 때 놀라서는 안 되는 이유다.

봉기는 이러한 종류의 정신 병리에 대한 치유책이다.

봉기는 판단의 형식이 아니라 치유의 형식이다.

그리고 이러한 치유는 일상적 삶에서 연대가 다시 떠오르게 될 때, 점점 더 강하게 일어나는 만트라에 의해서 가능해진다.

폭력적 방식으로만 자신들의 반란을 표현할 수 있는 사람들에게 설교는 아무런 소용도 없다. 의사는 판단하지 않고 고칠 뿐이고, 그 운동의 임무는 의사로서 행동하는 것이지 판사로서 행동하는 것이 아니다.

우리가 폭동가담자들, 약탈자들, 과격분자들black bloc, 그리고 파괴자들과 소통할 수 있어야 하는 것은 우리가 함께 진리를 건설해야 하고 수백만 명의 사람들이 외는 집단적 주문이 폭탄이나 손도끼보다 훨씬 용이하게 제리코의 성벽7을 무너뜨릴 것이라는 사실을 알려야 하기 때문이다.

4장

시와 금융

4장

시와 금융

기호의 해방 : 20세기 동안의 시와 금융

돈과 언어는 공유하는 것이 있다. 그것들은 아무것도 아니지만 모든 것을 움직인다. 그것들은 상징들, 관습들, 내뱉은 소리^{flatus vocis}에 불과하지만 인간 존재를 행동하도록, 노동하도록, 물리적 사물을 변형시키도록 설득하는 힘을 갖고 있다.

돈은 사물[상황]이 발생하도록 만든다. 그것은 세상 행위들의 원천이고 어쩌면 우리가 투자할 수 있는 유일한 권력일 것이다. 어쩌면 모든 면에서, 모든 가치에서, 인정받기를 바라며 돈에게 성스러운 신성함을 주면서, 파산이 선포되었다. 경제학자들은 더 이상 돈이 행동하도록 설득하지 않는다. 숫자들은 그 짐승[돈]이 누워서 조용히 있도록 하거나 일어나서 술수를 쓰도록 할 수가 없다. 따라서 이제껏 우리가 의심한 바와 같이 경제학자들은 그릇되게 과학을 모방한다. 기껏해야 경제학은 돈에 대한 신경쇠약, 즉 그 짐승이 일시적으로 움직이지 못하도록 고안된 징후이다 …… 따라서 경제학은 정신 병리학, 인플레이션, 우울증, 고점들과 저점들, 급락과 폭등slump and peaks, 투자와 손실의 언어를 공유한다. 그리고 경제는 주의를 자신에게 끌어들여, 자기중심적으로 자신의 영혼도 깨닫지 못한 채, 고무되거나 우울해진 행위의 조작에 사로잡혀 있다. 경제학자들, 중개업자들, 회계사들, 금융업자들, 모두가 변호사에게 도움을 받는 화폐 숭배의 사제들이다. 그들은 돈의 힘이 상상력 없이 작동할 수 있도록 기도를 외운다. (Sardello, 1983, 1~2)

금융 자본주의는 돈의 역학의 자율화에 근거하지만, 사물들의 물리적 상호작용에서 나오는 가치 생산의 자율화에 보다 깊이 근거한다.

노동의 산업적 추상에서 세계의 디지털적 추상으로의 이행은 노동 과정의 비물질화를 암시한다.

장 보드리야르는 언어적 장뿐만 아니라 경제적 장에서의 지시성의 종말을 전제로 해서 시뮬라시옹의 일반적 기호학을 제안했다. 『생산의 거울』The Mirror of Production에서 보드리야르가 적고 있듯이 "욕구, 사용가치, 지시대상의 부재, 그것들이 동일한 교환가치 체계의 발전에 의해 일반적 차원으로 던져진 유일한 산물과 개념들이다."(20쪽)

돈의 자율화 과정은 이러한 일반적 경향의 특별한 층위다. 그러나 그것은 『돈, 언어 그리고 사유』*Money, Language and Thought*에서 마크 셸Marc Shell에 따르자면, 그것은 오랜 역사를 가지고 있다.

고대 리디아의 금은합금electrum 화폐와 현대 미국의 전기electric 화폐 사이에 역사적으로 중요한 변화가 발생했다. 가장 초기의 주화들 coins의 교환 가치는 전적으로 주화들을 만드는 주괴들ingots의 물질적 실체(금은합금)에서 도출되었지, 주괴들에 찍혀있는 내용에서 온 것이 아니었다. 주화에 각인된 정치적으로 공인된 내용들이 주괴에 각인된 무게와 순도에 충분치 않았던 주화로의 최종적 발전이 액면 가치(지적intellectual 통화)와 실질 가치(물질적 통화) 간의 관계에 대한 인식을 촉발시켰다. 적힌 내용과 사물 간의 이러한 차이는 지폐의 등장으로 점점 더 심화되었다. 내용물이 인쇄되어 있는 물질적 실체인 종이는 교환에서 어떠한 차이도 없어야만 했고, 그 내용이 지칭하는 물질적 실체인 금속 혹은 금은합금은 점차 추상적 방식으로 그 내용들과 연결되었다. 전자 이체-결제의 도래와 함께, 내용과 실체 사이의 연결이 깨졌다. 전자 화폐의 재료는 중요하지 않다. (Shell, 1982, 1)

내가 이미 말했듯이, 돈의 탈물질화dephysicalization는 모든 것을 포섭하는 자본주의 경향인 일반적인 추상 과정의 일부이다.

맑스의 가치 이론은 추상적 노동 개념에 근거한다. 추상노동이 가치의 원천이자 척도이기 때문이다. 노동은 그 행위와 산물의 구체적 유용성의 관계를 잘라내야 한다. 구체적 유용성은 가치화 관점에서 볼 때 중요한 것이 아니다. 보드리야르는 같은 맥락에서 기호와 언어 간의 관계에 대해 말한다. 노동의 자본주의적 포획의 핵심에 있는 추상화 과정은 생산물의 구체성에 대한 욕구로부터의 추상을 의미한다. 지시대상은 사라진다.

> 의식의 합리적, 지시적, 역사적, 기능적 기계들은 산업 기계들과 호응한다. 무의식의 우연적, 비지시적, 전이적, 비결정적, 부유하는 기계들은 코드의 우연적 기계들과 호응한다 …… 체계의 전략은 단지 이 하이퍼리얼리티에서 부유하는 많은 가치들을 근거로 들먹이는 것이다. 이것은 돈과 이론에 적용되는 것과 마찬가지로 무의식에도 적용된다. 가치는 시뮬라시옹의 무한한 연쇄에 따라서, 그리고 모델들을 사용하는 세대의 이해할 수 없는 질서에 따라서 지배한다. (Baudrillard, 1993, 3)

보드리야르의 비판의 요점은 지시성의 종말과 가치의 (비)결정성이다. 시장 영역에서 사물은 그것들의 구체적 유용성이라는 관점에서 고려되지 않으며, 그것들의 교환가능성과 교환가치라는 관점에서 고려된다. 이와 마찬가지로 소통의 영역에서의 언어는 하나의 수행자performer로서 거래되고 가치를 부여받는다. 진리가眞理價가 아니라, 효용성이 소통의 영역에서 언어의 규칙이다. 특히 새로운 미디어 시대에서는 해석학이 아니라 화용론이 사회적 소통을 이해하는 방법론이다.

기호학과 경제학 모두에서 탈지시화의 과정을 되짚어 가면서 보드리야르는 기호의 해방에 대해 말한다.

> 혁명은 가치에 대한 고전 경제학을 종식시킨다. 가치 그 자체에 대한 혁명은 가치를 상품형식을 넘어 급진적 형식으로 데려간다. 이러한 혁명은 가치 법칙의 두 측면들의 전위^{轉位}에 있다. 그것들은 마치 자연법칙에 의한 것처럼 일관되고 영원히 묶여 있는 것으로 생각되었다. 지시적 가치는 절멸되고, 가치의 구조적 역할에 주도권을 내어준다. 지시적 차원을 배제함으로써 구조적 차원이 자율적인 것이 되고 지시의 주검 위에 수립된다 …… 이제부터 기호들은 실재에 대비해서라기보다 서로에 대비해서 교환된다. (그들이 단지 우연히 서로 교환되는 것이 아니라 그들이 더 이상 실재에 대비해서 교환되지 않는다는 조건에서만 그렇다.) 기호의 해방. (Baudrillard, 1993, 6~7)

지시 기능으로부터 기호의 해방은 후기 근대성의 일반적 경향으로 볼 수도 있다. 그것은 과학과 정치학에서처럼 문학과 예술에서도 만연하는 경향이다.

이후의 쪽들에서 나는 낭만적 리얼리즘에서 상징주의 트랜스리얼리즘transrealism으로의 이행에서 시[문학]의 진화를 되짚고 싶다

상징주의는 단어를 그 지시적 임무로부터 해방시키는 것에서 시작하는 시적 실천을 위한 새로운 공간을 열었다.

사물의 산업적 생산으로부터 돈의 해방 ― 금융 기호 ― 은 지시 대상에서 비지시적 의미화라는 동일한 기호적 절차를 따른다.

그러나 우리는 경제와 언어 간의 유비를 오해해서는 안 된다. 비록 돈과 언어는 공유하는 것이 있더라도 그들의 운명은 일치하지 않는다. 언어는 경제적 교환을 초과하기 때문이다. 시는 교환불가능성의 언어이고, 무한한 해석의 귀환, 언어의 감각적 신체의 귀환이다.

나는 여기서 시[문학]을 언어의 과잉으로서 말하고 있다. 시는 우리가 하나의 패러다임에서 다른 패러다임으로 이동하는 것을 가능하게 해주는 숨겨진 자원이다.

우리가 알지 못하는 장소

천사여, 만일 우리가 알지 못하는 장소가 있다면, 그리고 거기
어느 형언할 수 없는 양탄자 위에서라면, 연인들은, 결코
여기서는 성취할 수 없는 것을, 보여줄 수 있으리라
심장이 뛰는 그들의 대담하고 고귀한 형상을
그들이 쌓아올린 황홀의 탑들을, 그들의 피라미드를
오랫동안 디딜 만한 지반도 없이
떨며 서로 의지하며 서있던
그들을 둘러싼 관객들, 셀 수없이 많은 고요한 죽음 앞에서 보여줄 수 있으련만:
그러면 이들은 늘 아껴두고 늘 숨겨두었던
우리도 알지 못했던 마지막 주화를

영원히 통용되는 행복의 주화를 던져주려나
이제 잠잠해진 양탄자 위에서 마침내 진정한 미소를
짓고 있는 한 쌍 앞에.
— 라이너 마리아 릴케, [『두이노의 비가』 중에서] 제 5비가

사회체의 재활성화는 일반 지성의 완전한 전개를 위한 선결조
건이다.

2001년 이래, 우리는 2000년 봄에 닷컴 경제가 붕괴한 이후 시
작된 일반 지성의 해체를 목격했다. 21세기의 최초 10년 동안 인지
노동은 권한을 박탈당했고 불안정화에 종속되었다.

인지 노동자들의 사회적·정서적 신체는 그들의 일상적 생산 활
동으로부터 분리되었다. 새로운 소외는 이러한 분리, 즉 사회적 관
계들의 가상화에 근거하고 있다. 새로운 소외는 심리적 고통, 공황,
우울증, 자살의 물결이라는 형태를 취한다. 이것은 어머니보다 기계
로부터 더 많은 말을 배웠던 최초의 세대의 정서적 특징이다.

금융 자본주의에 대항하는 반란은 사회적·정서적 신체를 재구
성하는 것을 목표로 한다. 2010년 가을 이후 유럽에서 분출했던 학
생들의 투쟁은 분노의 갑작스런 폭발로 간주되어서는 안 되고 다가
올 10년을 아우를 장구한 과정(인지적 반란)의 시작으로 보아야 한
다. 반란은 떠오름을 의미하고, 행위자의 능력들의 완전한 배치를
의미하기도 한다. 오늘날 역사의 현장에 나타나고 있는 행위자는
그것의 주체화 과정에 있는 일반 지성이다. 이 행위자의 능력들은
네트워크 안에 있는 집단 지성의 능력들, 즉 자본주의 경제가 그들

에게 강요하는 편협한 독단적 활용으로 환원되었던 지식의 능력들이다.

일반 지성의 완전한 전개는 자본주의 영역을 넘어선다.

일반 지성이 그 사회적·성애적 신체를 재구성할 수 있을 때, 자본주의 규칙은 쓸모없게 될 것이다. 이것이 2010년 말의 폭발로부터 오는, 지식의 자율을 교정하는 것으로부터 오는 새로운 의식이다.

학생 반란과 같은 시기에 일어난 위키리크스 사건은 인지계급의 주체화의 다른 측면을 폭로했다. 외교, 정치, 전쟁 그리고 명백히 정보영역에서 위키리크스가 가졌던 그 괄목할 만한 효과를 넘어서는 그것의 의미는 무엇인가?

위키리크스는 네트워크화된 집단 지성의 무한한 능력을 보여주었다. 일반 지성의 창조적 분출은 어산지가 지휘할 수 있었던 중요한 사건이다. 나는 우리가 진실로 위키리크스가 공개한 이메일과 그 모든 케이블[전보/전화]의 내용을 알 필요가 있었다고 생각하지는 않는다. 우리는 외교관들이 거짓말을 하면서 돈을 받고, 군인들은 민간인을 죽여서 돈을 받고 있음을 이미 알고 있다.

흥미로운 많은 사실들이 그 폭로들로 인해 세상에 알려졌다. 그러나 이것은 여기서 내 관심사가 아니다. 이 사건에 관해 보다 중요한 것은 그것이 나타내는 인지계급, 즉 정보화 과정에 참여하는 모든 프로그래머들, 하드웨어 기술자들, 언론인들 그리고 예술인들 간의 연대, 공모, 그리고 독립적 협력의 활성화다. 이처럼 자본주의적 사용으로부터 자율적으로 떨어져 나와 연결[접속]된 지성 능력의 활성화가 위키리크스가 주는 교훈이다. 그리고 새로운 세대의 반란군은 이러한 교훈에서 일반 지성의 자율화와 자기조직화의 방법을 발견할 것이다.

거리 시위에서 인지계급들의 사회적·성애적 신체는 리듬과 감정이입을 발견하고 있다. 거리 행동의 주요한 이해관계stake는 일반 지성의 신체의 재활성화다. 불안정과 경쟁 때문에 흐릿해지고 스트레스 받는 신체적 감수성은 표현의 새로운 방식을 발견하고 따라서 욕망은 또다시 흐르기 시작할 수 있다.

연결과 감수성

감수성은 말로 표현될 수 없는 것을 이해하는 능력이다. 그리고 그것은 시간의 불안정성과 프랙탈화의 희생자였다. 감수성을 재활성화하기 위해서는 예술, 치료법 그리고 정치적 행동이 모두 결집되어야 한다.

불안정한 노동의 영역에서 시간은 파편화되었고 비인격화되었다. 사회적 시간은 프랙탈들, 다시 말해 네트워크화된 기계가 재구성할 수 있는 호환 가능한 조각들의 확장으로 변형되었다. 이것이 내가 시간의 프랙탈화를 말하는 이유다.

미학적 인식은 — 여기서는 감수성과 지각의 영역으로 적절하게 간주된 — 직접적으로 소통과 노동의 기술적 변형에 포함된다. 의식적 유기체는 연결적 환경에 효과적으로 접촉하려는 시도에서 우리가 감수성이라고 부르는 것을 점차 억제하는 것으로 보인다. 나는 감수성이라는 단어를 제한적 통사의 형식으로는 표현될 수 없는 것을 이해하는 능력, 언어적으로 표현될 수 없고, 그렇게 만들어질 수도 없는 기호들을 해석하게 만드는 능력으로 이해한다. 이 능력은 통합된 연결 시스템에서는 그 자체가 쓸모없고 심지어 해로운 것으로 모습을 드러낸다. 왜냐하면 감수성은 해석의 과정을 모호하게 만들고, 기호 행위자의 경쟁력을 격하시킴으로써 속도를 늦추는 경향이 있기 때문이다.

감수성은 시간 안에 있고, 우리는 신체의 극도로 복잡한 소통을 이해하는 데 시간이 필요하다. 정보–리듬의 가속화 때문에 불안정한 노동자들은 계속 가속화하는 속도로 기호들을 발견하고 해석할 수밖에 없다. 그리고 그들의 감수성은 방해를 받는다. 치료법이 갈수록 사회적 신체를 재활성화하고, 주체화 과정에서 노동을 재구성하는 정치적 장에 포함되는 이유가 바로 이것 때문이다.

우리가 예술과 (분열)치료법 사이의 관계를 생각하고 싶다면, 우리는 리토르넬로 관점에서 생각해야 한다. 가따리가 말하길, 리토르넬로는 환경을 이해할 수 있는 기호적 연쇄(배치)다. 우주적, 영토적, 사회적 그리고 정서적 환경들은 우리가 우리의 정신에 가지고 있는, 우리의 예민하고 분별 있는 두뇌에 있는 리토르넬로 덕분에 파악될 수 있고 내재화될 수 있다.

『카오스모제』에서 가따리는 "미학적 패러다임"에 대해 말한다. 이 개념은 역사적이고 사회적 관점을 재정의한다. 그리고 그것은 완전히 생태철학의 전망에 통합된다. 하이퍼근대성의 기술적 복잡성에 적합한 환경적 의식, 생태철학은 생태학의 관점에서 미학이 갖는 중요한 역할을 인정하는 것에 근거한다.

실제로 미학은 피부derma(우리의 신체-영혼의 민감한 표면, 살가죽)와 서로 다른 화학적, 물리적, 전자기적, 전자적, 정보적 흐름들 간의 접촉에 대한 연구에 바쳐진 학문이다. 따라서 미학은 접촉의 근대적 정신 병리학, 정보 흐름의 가속화, 사회적 실존의 불안정화에 따른 병리적 결과들과 많은 관계가 있다. 가따리는 우주를 서로 피부 접촉을 하고 있는 각양각색의 상호 연관된 실체들, 다시 말해 유기적인 것과 비유기적인 것의 연속체, 동물과 기계의 연속체, 정신적인 것과 전자적인 것의 연속체로 간주한다. 그리고 그 연쇄는 리듬의 기호적 표지들인 리토르넬로에 의해 가능해진다. 리듬은 기호들(단어, 음악, 시야)과 두뇌의 공통의 실체이다. 정신은 리듬의 연쇄 덕분에 다른 것(다른 정신, 자연, 인위적 혹은 사회적 세계)을 이해한다.

미래를 신뢰했던 지난 세기에, 예술은 본질적으로 가속화 사업에 몰두했다. 미래파는 예술, 사회적 정신 그리고 사회적 삶 간의 관계를 정의했다. 에너지에 대한 숭배는 집단 지각이 포화되고 감정이입이 마비될 만큼 그 예술적 시대정신을 특징지었다. 미래파의 리듬은 정보-가속화, 폭력과 전쟁의 리듬이었다.

일단 기호 자본주의적 생산의 비물질적 조립라인의 혼잡한 속도로부터 해방이 되면, 우리는 이제 경쟁과 생산성이라는 사회적 게임에서 특이한 존재를 해방시키는 리토르넬로가 필요하다. 심리적·감성적 자동화의 리토르넬로, 특이화의 리토르넬로 그리고 호흡의 감각화가 필요하다.

옛날에, 쾌락은 권력에 의해 억압되었다. 이제 쾌락은 널리 알려지고 약속되고 동시에 지연되고 기만당한다. 이것은 시장 영역에서 기호 생산의 외설적 특징이다. 눈은 인간의 감각적 삶에서 중요한 장소를 점유해왔다. 그러나 이러한 시각적 지배는 상품의 지배, 즉 결코 성취될 수 없고 언제나 연기된 약속들의 지배다. 자본주의적 경쟁의 현재적 조건에서, 가속화는 공황의 방아쇠이고 공황은 우울증의 전제다. 특이성은 기호 자본주의의 성애적 영역에서 망각되고, 말소되고, 기각된다. 목소리의 특이성과 단어들의 특이성은 교환과 가치의 동질화에 종속된다. 따라서 사회적 소통은 기술-언어적 인터페이스들에 종속된다. 연결성의 영역에서 의미를 교환하기 위해서, 의식적 유기체들은 디지털 환경에 적응해야만 한다. 가치의 순환을 가속화시키기 위해서 의미는 정보로 환원되고, 기술-언어적 장치들은 소통의 매트릭스로서 행동한다. 그 매트릭스가 언어를 배우는 세대에서 어머니를 대체한다.

그러나 언어와 정보는 중첩하지 않으며 언어는 교환가능성으로 용해될 수 없다. 소쉬르의 용어로, 우리는 **파롤**의 무한성은 **랑그**의 재조합 논리를 넘어선다고 말할 수 있으며, 그 결과 언어는 그 매트릭스로부터 탈주할 수 있고 공유, 생산 그리고 삶을 위한 새로운 공간을 혼합하고 투사하는, 특이한 진동들의 사회적 영역을 재발명할 수 있다고 말할 수 있다.

시는 특이성으로 들어가는 인식의 문들을 연다.

시는 언어의 과잉(초과)이다. 시는 언어에서 정보로 환원될 수 없는 것이며, 교환할 수 없는 것이지만, 공유된 의미를 이해하는 새로운 공통의 토대에 길을 내준다. 즉 새로운 세계가 창출되는 것이다.

　시는 목소리의 특이한 진동이다. 이 진동은 공명을 창출할 수 있고, 공명은 공통의 공간을 생산할 수 있다. 그 공간에서

　연인들은, 결코
　여기서는 성취할 수 없는 것을, 보여줄 수 있으리라
　심장이 뛰는 그들의 대담하고 고귀한 형상을
　그들이 쌓아올린 황홀의 탑들을

부랑자들

　그러나 내게 말하다오. 이 부랑자들이 누구인가를. 심지어 우리 보다
조금 더 덧없는 이 사람들이 누구인가를. 이 사람들은 처음부터 결코
만족할 줄 모르는 의지로 인해 (누군가를 위해?) 짓눌렸는가? 그러나
의지가 그들을 짓누르고, 몸을 구부리게 하고, 던지고, 흔들면서
그들을 던지고 받는다. 마치 기름을 칠한 듯
보다 매끈한 대기로부터 그들이 내려온다.
이들의 영원한 도약 때문에 닳아 더욱 얇아진
양탄자 위로,
이 양탄자는 우주에서 길을 잃었다.
그곳에는 회반죽 같은 것이 발라져있다. 마치 교외의 하늘이 그곳의
대지에 생채기를 낸 것처럼.
　— 라이너 마리아 릴케, [『두이노의 비가』 중에서] 제 5비가, 1~11행

이 시구들은 불안정의 조건에 대한 은유로서 읽힐 수 있고, 동시에 우리가 알지 못하고 결코 경험해 보지 못했던 장소를 고지告知하는 것으로서 읽힐 수도 있다. 도시의 어느 장소, 광장, 거리, 그리고 아파트에서 갑자기 연인들은 여기(가치화 및 교환의 왕국)에서는 "결코 성취할 수 없었던", 일찍이 숨겨두고, 모아놓은, 우리도 몰랐던, 영원히 통용되는 행복의 주화들을 던진다.

이 말들에는 어떠한 비밀스런 의미도 없다. 그러나 우리는 이 시구들에서 집단 행복의 취약한 구조물에 대한 묘사를 읽을 수 있다. "오랫동안 디딜 만한 지반도 없는 피라미드가 떨면서 서로 의지하고 있었다."

우리가 알지 못하는 이 장소는 사회적 불안정이 궁핍하게 만든 사회적 환경에서, 사막화된 풍경에서 우리가 찾고 있는 바로 그 장소다. 그곳은 특이성의 기쁨을 박탈당한 감수성의 영역을 따스하게 해줄 장소다. 그곳은 카이로의 타흐리르Tahrir 광장, 마드리드의 태양의 광장Plaza de Sol, 뉴욕에 있는 주코티Zuccotti 공원처럼 운동들이 모이는 점거의 장소다.

우리는 시를 교환의 영역을 넘어서고, 기표와 기의의 코드화된 만남의 영역을 넘어서는 기호의 연쇄라고 부른다. 시는 의미화과정의 새로운 경로를 창출하고, 감수성과 시간의 관계의 재활성화로 가는 길을 여는 기호의 연쇄다. 왜냐하면 감수성은 언표행위의 특이성과 코드화되지 않은 언표행위를 이해하는 특이성을 가능하게 만드는 능력이기 때문이다.

러시아 형식주의 이론가 빅토르 쉬클로프스키Viktor Sklovskij가 말하길, 문학 언어가 갖는 특정성은 반복할 수 없는 특이한 절차에 따라 단어들을 구사하는 능력에 있다. 그는 러시아어로 그것을 priem [절차로서의 지식]이라고 부른다. 의미의 효과를 생산하는 언어적 질료를 인위적으로 다루는 것은 이전에는 결코 볼 수도 없었고 코드화되지도 않았다. 시적 절차는 단어를 그 평범한 용법에서 아주 멀리 떼어놓는 낯설게하기(러시아어로 ostranenie) 형식이다.

들뢰즈와 가따리는 『철학이란 무엇인가?』에서 "예술은 카오스가 아니라 카오스의 구성composition인 카오스모스다."라고 말한다. 유기체와 환경 간의 관계는 정보 영역에서 정보-자극의 가속화, 정보 인플레이션, 주의력과 주체성의 의식적인 감수성 영역의 포화로 인해 방해를 받는다. 예술은 새로운 생성 방식들의 지각과 표현을 위한 미적 조건을 창출하는 것으로서 이러한 불협화음dissonance을 기록하고 발견하는 것이다.

분열분석과 관련하여, 예술은 두 가지 방식에서 다르게 작용한다. 예술은 정보로 인한 심적 영역의 오염을 진단하지만, 그러나 한편으로 그 방해받은 유기체를 치유하는 치료법을 나타내기도 한다.

리토르넬로는 우리가 카오스를 정교화하는 코스모스를 창조할 수 있는 감수성의 틈새다.

사회 운동들은 리토르넬로의 한 형식으로 묘사될 수 있다. 운동들은 특이화의 리토르넬로들이다. 사회 운동들이 미학적이고 실존적 수준에서 특이성의 영역을 창조하기 위해 기능하기 때문이다.

운동이 가능하게 만드는 특이화 과정에서 생산, 욕구 그리고 소비는 세계가 기대하는 새로운 체계에 따라서 다시 기호화될 수 있다. 기대의 질서order of expectations를 바꾸는 것은 운동이 생산할 수 있는 주요한 사회적 변형들 중의 하나다. 이 변화는 문화적 변형을 함축하고 또한 감수성에서의 변화, 세상과 타자들에 대한 유기체의 열림을 함축한다.

반란은 사회의 심적 에너지를 의무적인 경쟁-소비주의의 표준화된 리듬으로부터 철회하는 데 도움을 주고, 자율적 집단 영역을 만드는 데 도움을 주는 리토르넬로다. 시는 그 운동의 언어다. 왜냐하면 시는 새로운 리토르넬로를 효율적으로 사용하려고 하기 때문이다.

세계의 한계들

미학적 패러다임에 바친 『카오스모제』의 한 장에서 가따리는 네트워크 기술과 신자유주의적 전 지구화가 생산한 주체성의 복종과 표준화의 새로운 방식들에 대해 말하고 있다. 동시에 그는 자율적 주체화 과정의 새로운 경로를 발견하려고 시도한다.

문제의 첫 번째 측면에 관한 한, 그는 다음과 같이 적고 있다.

주체성은 횡단-기호적이고 비양태적amodal인 언표행위의 구성을 가능한 한 많이 배출하는 소통을 통해 표준화된다. 따라서 주체성은 성경[성서]scriptural 기계들과 그것들의 대중 미디어 아바타들에게 엄격히 예속된 언어의 수익을 위해, 다의성, 운율체계, 몸짓, 흉내, 자세의 점진적 말살을 향해 미끄러진다. 자신의 극단적 현재 형식들에서, 주체성은 비트들의 수로 계산될 수 있고, 컴퓨터에서 재생산[복제]될

수 있는 정보 상품권token의 교환에 해당한다 ······ 이러한 유형의 탈
영토화된 배치에서 권력의 상상계의 시뮬라크르로서 자본주의적 기
표는 모든 다른 가치의 우주들을 덧코드화overcoding 1하는 일을 떠맡
는다. (Guattari, 1995, 104~5)

디지털 기술은 다의성, 몸짓 그리고 목소리의 특이한 언표행위의
구성을 취소하는 것이고 언어 기계에 종속된 언어를 생산하는 경향
이 있다. 언어의 표준화를 분석하는 동시에 가따리는 정보에 대한
복종assujettissement에서 벗어나는 탈주선을 찾고 있다.

최초의 카오스모스적 접힘folding 2은 카오스의 힘들[역능들]이 최고
로 복잡한 것의 힘들과 공존하도록 만드는 데 있다. 다수의 실체들이
존재론적으로 이질적인 양상complexions들로 분화되고, 자신들의 형
상적 다양성을 폐지함으로써, 그리고 동일한 존재-비존재 안에서
동질화됨으로써 카오스화되는 것은 바로 무한 속도로 지속적인 오
고-감[왕복]에 의해서다. 어떤 면에서 다수의 실체들은 배꼽 모양의
카오스 지대로 뛰어드는 것을 멈추지 않는데, 그곳에서 자신들의 외
생적 준거점들과 좌표들을 잃지만 복잡성의 새로운 전하들charges을
부여받고 다시 나타날 수 있다. 실존적 영토들이 지닌 감각할 수 있
는 유한성과 그것들에 묶여있는 준거 세계들이 지닌 초trans-감각적
인 무한성 사이 경계면이 설치되는 때는 바로 이러한 카오스모스의
접힘 시기 동안이다. 따라서 우리는 한편으로는 줄어든 속도의 유한
한 세계(거기에서 도처에서 물러서는 존재-질료의 궁극적 접선

tangent에 도달함 없이 한계들은 언제나 한계들 뒤에서, 구속들은 구속들 뒤에서, 좌표의 체계들은 다른 좌표의 체계들 뒤에서 나타난다)와 다른 한편으로는 무한 속도의 세계 (거기에서 존재는 더 이상 부인될 수 없고, 그 내생적 차이들에서, 자신의 이질적 특질들에서 스스로를 준다) 사이에서 진동한다. 기계, 모든 종류의 기계는 언제나 유한함과 무한함의 이 교차로에, 복잡성과 카오스 사이의 이러한 협상 지점에 있다. (Guattari, 1995, 110~111)

가따리는 여기서 언어 영역에서의 유한한 것과 무한한 것 사이의 관계를 묻고 있다. 그는 정보적 리좀 영토의 지도를 그리고 있는데, 그것은 『카오스모제』가 쓰여질 당시에는 아직 완전히 발견되지 않았다. 정보적 리좀 영토의 모호성은 아주 분명하다. 정보-기술은 주체성과 영토를 표준화한다. 언표행위를 자동화하는 기술-언어적 인터페이스들을 각인하면서 말이다.

우리는 여기서 재앙의 역학을 추적하고 있는데, 그것은 자본주의가 하이퍼[초]과근대적 주체성 속으로 삽입하고 있는 재앙이며, 가속화와 공황의 재앙이다. 그러나 동시에 우리는 한 걸음 더 나아간 풍경을 펼칠 수 있는 리듬을 발견해야 한다. 외로움과 좌절이라는 불안한 정서들을 넘어서고, 공황을 넘어서는 풍경 말이다.

『카오스모제』의 미학적 패러다임에 관한 장에서, 가따리는 특이성의 문제를 감성적 유한성과 언어의 가능한 무한성 관점에서 다시 생각한다.

의식적이고 감성적인 유기체, 멸종을 향해 걷고 있는 살아있는 개별성individuality은 유한한 존재다. 그러나 의미가 가능한 세계들의 창조는 무한하다. 욕망은 유한한 존재가 무한-되기를 지향하는 이러한 경향이 이루어지는 장場이다.

감각적 유한성으로의 침몰에 입각하여 새로운 무한성들을, 가상성뿐만 아니라 상황들 속에서 현실화될 수 있는 잠재력들로 충전된 무한성들을 생산하는 것은 전통적인 예술, 철학, 정신분석이 목록화한 세계들에서 벗어나고 그것들을 우회하는 것이다. (Guattari, 1995, 161)

의식적이고 감성적인 유기체의 유한성은 가상적일 뿐만 아니라, 삶의 잠재력potentiality이기도 하고 상황에 따라서는 현실화actualized될 수 있는 투사[형상화]를 우리가 상상하는 장소다.

우리는 반反오이디푸스적이고 분열증적인 꿈을 자각하면서, 탈영토화되고 리좀적인 세계의 문턱에 서 있다. 그러나 이 꿈은 금융 탈현실화라는 전 지구적 악몽의 형태로 실현되고 있다. 이 문턱에서 우리는 특이성의 정치학과 윤리학을 상상하면서 무한 성장에 대한 기대감, 무한 소비 그리고 자아의 무한한 팽창과 절연해야 한다.

『논리철학 논고』*Tractatus Logico-Philosophicus* 서문에서 비트겐슈타인은 다음과 같이 적고 있다. "사유에 한계를 끌어오기 위해서 우리는 이 한계의 양 측면을 사고할 수 있어야 한다(따라서 우리는 사유될 수 없는 것을 사유할 수 있어야 한다)."

그리고 그는 계속해서 다음과 같이 적고 있다.

내 언어의 한계들은 내 세계의 한계들을 의미한다. 논리가 세계에 만연해 있다. 세계의 한계들은 또한 논리의 한계들이다. 그래서 우리는 논리적으로 다음과 같이 말할 수 없다. '세계는 그 안에 이것을 가지고 있다. 저것이 아닌 이것을.' 왜냐하면 그것은 우리가 특정한 가능성들을 배제하고 있다는 것을 전제하는 것처럼 보이기 때문이다. 그리고 이것은 사실일 수가 없다. 왜냐하면 그것은 논리가 세계의 한계들을 넘어가야 한다는 것을 요구하기 때문이다. 왜냐하면 단지 그 방식으로만 논리는 이 한계들을 다른 쪽에서도 고찰할 수 있기 때문이다. 우리는 우리가 생각할 수 없는 것을 생각할 수 없다. 그래서 우리는 우리가 생각할 수 없는 것을 말할 수도 없다. (Wittgenstein, 1922, 68)

그리고 마침내 그는 다음과 같이 말한다. "주체는 세계에 속하지 않는다. 오히려 주체는 세계의 한계다."

비트겐슈타인이 언어의 한계들이 세계의 한계들이라고 말할 때, 그는 두 가지의 다른 방식으로 읽어야만 하는 무언가를 말하고 있는 셈이다. 우선 그는 다음과 같이 말하고 있는 것이다. 우리가 말할 수 없는 것을 우리는 실행할 수도 없고, 경험할 수도 없고, 살아낼 수도 없다. 왜냐하면 언어의 영역에서만 우리는 존재의 현실reality과 상호작용할 수 있기 때문이다. 그러나 그는 또한 다음과 같이 말하고 있는 것이다. 세계는 우리 언어의 한계들 안에 거주하는 것이기 때문에, 따라서 언어의 한계들 너머에 놓여있는 것은, 일단 우리 언어가 현재의 한계 너머에 놓여있는 존재의 영역을 상세히 설명할 수 있어야만, 우리가 경험하고 살아낼 수 있다.

사실, 그 철학자는 다음과 같이 쓴다. "주체는 세계에 속하지 않는다. 오히려 주체는 세계의 한계다"

언어의 능력과 확장은 주체의 일관성, 주체의 전망, 주체의 상황에 의존한다. 그리고 내 세계의 확장은 내 언어적 능력에 의존한다.

가따리는 "카오스모제"를 세계의 한계들을 뛰어넘는 과정이라고 부르고 이것을 재기호화를 뛰어넘는 것이라고 부른다. 다시 말해서 기호적 한계를 재정의하는 것인데, 그것은 세계를 경험할 수 있는 가능성의 한계이기도 하다.

과학자들은 이러한 자기산출적autopoietic[오토포이에시스]3 형태발생의 효과를 "창발[출현]"이라고 부른다. 논리 언어적 조건들이 그것을 볼 수 있게 하고 그것에 이름 붙일 수 있게 만들 때, 새로운 형식이 탄생하고 형태를 갖춘다. 우리의 현재 상황을 이러한 관점으로부터 이해하도록 해보자.

디지털 금융 자본주의는 정치학, 의식적으로 조직된 자발적 행동, 그리고 통치 등의 기술로는 극복할 수 없는 폐쇄된 현실을 만들어냈다.

오직 언어 행위만이 우리에게 새로운 인간 조건을 보고, 창조하는 능력을 부여하는데, 지금 이곳의 인간 조건에서 우리는 지금 야만주의와 폭력만을 볼 수 있을 뿐이다.

오직 금융 자본주의라는 기술적 자동기제를 회피하는 언어 행위만이 새로운 삶의 형식의 출현을 가능하게 만들 것이다. 새로운 삶의 형식은 일반 지성의 사회적·충동적 신체, 즉 일반 지성이 금융독재라는 현재의 조건 안에서 박탈당하는 사회적·충동적 신체가 될 것이다.

오직 일반 지성의 신체를 재활성화하는 것 ― 일반 지성의 능력을 구체화하는 유기적, 실존적, 역사적 유한성 ― 만이 새로운 무한성을 상상할 수 있을 것이다.

유한한 것과 무한한 것의 교차로에서, 복잡성과 카오스 간의 협상 지점에서 금융 자본주의가 관리하고 만들어낼 수 있는 복합성의 정도보다 훨씬 더 큰 복합성의 정도를 해방disentangle하는 것이 가능할 것이다.

언어는 무한한 능력을 가지고 있다. 그러나 언어의 실행은 역사와 실존이라는 유한한 조건들 안에서 발생한다. 한계를 설정한 덕분에 세계는 언어의 세계로서 실존하게 된다. 문법, 논리학 그리고 윤리학은 한계 설정에 근거하고 있다. 그러나 무한성은 측정불가능한 것으로 남는다.

시는 규정되지 않은 것indefinite의 다시 열림이며, 단어들의 기존 의미를 초과하는 아이러니한 행위다.

인간 행위의 모든 영역에서, 문법은 소통의 공간을 규정하는 한계들을 설정하는 것이다. 오늘날 경제는 인간 활동의 서로 다른 수준들을 횡단하는 보편 문법이다. 언어는 언어의 경제적 교환가능성에 의해 규정되고 제한을 받는다. 이것이 언어를 정보로 환원하고, 기술-언어적 자동기제를 언어의 사회적 순환[유통]으로 통합하는 결과를 낳는다.

그럼에도 불구하고 사회적 소통이 제한된 과정인 반면, 언어는 한계가 없다. 그 잠재능력은 기의의 한계들에 제한되지 않는다. 시는 언어의 과잉이며 기의의 한계들에서 고삐 풀린 기표다.

언어의 초과하는 힘의 윤리적 형식인 아이러니는 말들이 의미를 뒤섞고 스쳐지나가고 창조하기 위해 노는 무한한 게임이다.

결국 가장 중요한 것은, 사회 운동은 기호적 지불거부로서, 상징적 부채의 한계들로부터 언어, 행위, 행동을 해방시키는 기제로서, 아이러니를 사용해야 한다.

아이러니와 냉소주의

대중 지니스무스[냉소주의]zynismus

1984년 꼴레주 드 프랑스에서 행한 강연을 글로 옮겨 적은 『진리의 용기』*The Courage of Truth*에서 미셸 푸코는 디오게네스와 냉소가들[견유학파]로 알려진 고대의 철학자들에 대해 말한다. 그리고 그들의 사유를 진리parresia를 말하는 실천으로 정의한다. 25년 후, 냉소주의라는 말은 전적으로 다른, 거의 정반대의 의미를 얻게 되었다. 냉소적인 사람은 습관적으로 모두에게, 특히 그/그녀 자신에게 거짓말을 하는 사람이다. 친근한intimate 거짓말, 즉 말과 신념 사이 모순이 오늘날 냉소주의의 핵심에 놓여 있다. 아직도 냉소주의의 고대적 개념 — 엄격한 진리성, 개인주의, 금욕 행위 그리고 권력에 대한 거부감 — 과 대개는 립 서비스, 도덕적 무책임성, 권력에 대한 순응주의 같은 것으로 구성되는 현대적 개념 사이에는 일종의 일관성이 남아 있다. 이러한 일관성은 언어의 모호한 본성에 대한 자각과 특히 윤리적 영역에서 언어와 현실 간의 관계를 유예시키는 능력에 있다. 따라서 냉소주의는 아이러니와 밀접한 관계에 있다. 냉소주의와 아이러니 모두 현실과 언어 간의 관계의 유예를 요구하는 수사적 형식이고 윤리적 자세다. 틸리히Tillich와 슬로터다이크Sloterdijk 같은 독일 철학자들은 푸코가 말하는 고대의 그리스적 냉소주의와 우리 자신의 냉소주의를 구별하기 위해 다른 두 개의 용어를 사용한다. 키니스무스[견유주의]kynismus와 지니스무스[냉소주의]zynismus가 그것들이다.

현대의 지니스무스는 진보적 계몽의 현대적 환영에 대한 예술적 묘비라고 할 수 있는 스탠리 큐브릭Stanley Kubric의 1999년도 작품, 〈아이즈 와이드 셧〉Eyes Wide Shut을 상기함으로써 이해될 수 있다. 결혼해서 행복하게 잘 살고 있는 부부, 빌Bill과 앨리스Alice는(아서 슈니츨러Arthur Schnitzler의 『꿈 이야기』Dream Story, 1926)에 등장하는 프리돌린Fridolin과 알베르틴Albertine이 큐브릭의 영화에 영감을 주었다) 사회적 게임이 거짓말들의 힘들에 근거하고 있기 때문에 진리란 결코 말해질 수 없다는 자각을 표현한 인물들이다. 당신이 기만적 언어를 수용하지 못한다면, 어느 누구도 당신의 말을 듣지 않을 것이다. 이것이 20세기 사회에 대한 큐브릭의 연구가 도달하는 지점이다. 그것은 〈영광의 길〉Paths of Glory에서 군사력의 나약함과 싸우는 커크 더글러스Kirk Douglas가 연기한 대쪽 같은 대령, 닥스Dax와 함께 시작되었다. 닥스는 윤리적 정의를 믿고 있다. 그는 악에 대항할 힘과 용기를 갖고 있다. 왜냐하면 그가 생각하기에 악은 저지될 수 있고 물리칠 수 있는 것이기 때문이다.

〈아이즈 와이드 셧〉Eyes Wide Shut에서 빌 하포드(탐 크루즈가 연기한)는 여전히 악행을 인지할 수 있고 옳고 그름을 구별할 수도 있다. 그러나 그는 악을 저지하고 패퇴시키기 위해 어떠한 것도 행해질 수 없음을 잘 알고 있다. 도덕적 불행에도 불구하고 그는 살고 싶으면 악에 몸을 숙여야 한다.

미래를 믿었던 세기의 말엽에 지니스무스가 유일하게 수용된 언어이며, 유일하게 멋진 행위인 것처럼 보인다. "멋진"cool은 현대 냉소주의에서 중요한 단어다. 앙드레 글룩스만Andre Glucksmann은 자신의 책 『냉소주의와 열정』Cynicism and Passion에서 냉소주의에 대한 유일한 대안은 열정이라고 제안한다. 그러나 그것은 틀렸다.

냉소주의에 대한 진정한 대안은 열정이 아니라 아이러니다.

1983년 작품 『냉소적 이성 비판』에서 페터 슬로터다이크는 냉소주의가 68혁명 이후 내내 만연한 사고방식이라고 주장한다. 슬로터다이크에게 냉소주의는 예외적인 사회적 특성을 의미하지 않는다. 그것은 전형적인 정신 상태다. 그가 냉소주의의 고전적 개념을 묘사할 때, "냉소주의를 보편적이고 널리 퍼진 현상으로 묘사하는 것은 일상적 용법을 위반한다. 일반적으로 생각되는 것처럼 냉소주의는 널리 퍼진 것이 아니라 특출 난 것이며, 보편적인 것이 아니라 주변적이고 매우 개별적인 것이다."(같은 책, 4쪽) 그리고 이것이 키니스무스와 지니스무스 간의 가장 중요한 차이다. 디오게네스와 그의 동료 키니시스트들kynicists이 강자들의 법을 묵인하지 않고 거부하는 금욕적 개별자들이라면, 현대의 지니시스트들zynicists은 순응적 다수들이며 강자들의 법이 나쁘다는 것을 충분히 알고 있으면서도 어찌 해볼 도리가 없기 때문에 그것에 고개를 숙인다. 고대의 냉소주의와 달리, 현대의 냉소주의는 파괴적이지 않다. 그것은 진리의 무능을 내재화하는 것이다. 슬로터다이크는 다음과 같이 적고 있다.

> …… [이것]이 현대 냉소주의의 본질적인 점, 즉 노동하는 그 담지자들의 능력이다. 무언가가 발생할 수 있음에도 불구하고, 특히 발생할 수 있는 무언가가 일어난 후, …… 냉소적인 사람들은 멍청하지 않으며 때때로 그들은 모든 것이 결국에는 무로 돌아간다는 것을 확실히 알고 있다. 그들의 심적 장치는 그들 자신의 행동에 대한 영구적 의심마저 생존의 요소로 통합시킬 만큼 충분히 융통성을 갖게 되었다. 그들은 자신들이 무엇을 하고 있는지 알고 있지만, 그들은 우선에는 환경의 힘과 자기 보존 본능이 동일한 언어를 말하기 때문에 그 일을 한다. 그리고 그들은 자신들에게 그것은 그렇게 되어야 한다고 말한다. (Sloterdijk, 1988, 5)

현대 대중의 냉소주의는 두 개의 다른 원천들과 연결될 수 있다. 하나는 20세기 유토피아적 이데올로기들의 실패이고, 또 다른 하나는 노동 착취, 경쟁 그리고 전쟁이 불가피하고 되돌릴 수 없다는 인식이다. 대중의 냉소주의는 사회적 연대의 소멸이 그 원인이다. 신자유주의적 규제완화에서 결과하는 전 지구화와 노동 시장의 체계적 불안정성은 사회적 행위자들 간의 관계에 불가피하고 일반화된 방식으로서 경쟁을 부과했다. 한때는 사회적 연대 감각과 공통의 정치적 희망으로 연결되었던, 노동자들은 이제 냉소적 용어들로 생각할 수밖에 없게 된다. 적자생존이기 때문이다.

68운동의 내부에는 서로 다른 문화들과 정치적 경향들이 공존했다. 어떤 이들은 권력을 장악한 프롤레타리아 독재 기구 같은 역사적 지양Aufhebung을 꿈꾸었다. 헤겔주의자들처럼 교조적인 맑스주의자들은 착한 사람들이 승리할 운명이라고 하는 이성의 승리를 꿈꾸었다. 프롤레타리아와 함께 남는다는 것은 역사의 승자의 편에 선다는 것이었다. 바람의 방향이 바뀌어서 노동자 운동이 패배했을 때, 신자유주의는 자본주의적 공격성의 새로운 파도를 위한 하나의 이데올로기를 제공했다. 역사의 승자 편에 남고 싶었던 사람들은 승자(자본주의)와 함께 있기로 결심했다. 왜냐하면 결국 현실적인 모든 것은 이성적이기 때문이다! 그들의 변증법적 계획에서는 이기는 자가 무조건 옳고, 옳은 사람은 무조건 이길 운명이다.

대다수 68혁명의 행동가들은 정통 변증법주의자들이 아니었고, 어떠한 지양을 기대하지도 않았다. 우리는 결코 역사적 복잡성의 종말과 공산주의라는 완성된 형식의 최종적 수립을 믿지 않았다. 이것은 미래의 공산주의가 아닌 현재의 자율을 추구하고 있던 학생들과 젊은 노동자들에게는 헛소리로 들렸다.

오늘날의 신자유주의적 순응주의자들은 68운동의 비뚤어진perverted 계승자들이다. 1989년 사건 이후 러시아, 미국과 유럽에서 정권을 장악한 자들은 결코 이데올로기에서 자유롭지 못하다. 제아무리 가식적으로 이데올로기에서 자유로운 척해도 말이다. 그들의 이데올로기는 경제의 확실성에 대한 교조적 신념이다. 경제가 모든 것을 포괄하는 헤겔적 이성의 변증법의 자리를 꿰찼다. 지배

권력에 머리를 조아리며 신자유주의자들은 (경제적) 필연성을 수용한다. 유일한 어려움은 어느 누구도 미래 사건들의 복잡한 생성에서 어떠한 경향들이 지배권을 쥐게 될 것인지 모른다는 사실이다. 결과적으로 냉소주의는 ― 그 명백한 불가피함에도 불구하고 ― 하나의 입장으로서는 취약하다. 어느 누구도 다음에 무슨 일이 일어날지 모른다. 예측할 수 없는 사건들이 논리적 필연성으로 환원될 수는 없다.

아이러니와 지니스무스

슬로터다이크만이 대중의 냉소주의와 아이러니를 융합한 것은 아니다. 그가 『냉소적 이성 비판』에서 적고 있듯이 "최하층, 몰락한 도시 인텔리겐차로부터 그리고 최상층, 정치가다운 의식의 꼭대기로부터, 신호들signals이 진지한 사유를 꿰뚫고, 사회적 관습들과 윤리학에 대한 급진적이고 아이러니한 치료Ironizierung의 증거를 제공한다. 마치 보편적 법칙들이 아둔한 자들만을 위해 존재하는 반면, 치명적으로 현명한 미소는 지식 있는 자들의 입술 위에서 놀기라도 하는 것처럼 말이다."

물론 아이러니는 ― 그것보다 더 공격적 형식인 풍자와 마찬가지로 ― 냉소주의의 한 표현일 수 있다. 그러나 아이러니와 냉소주의는 뒤섞여 혼동되어서는 안 된다. 아이러니는 냉소적 행동을 합리화하는 언어적 도구일 수 있다. 아이러니와 냉소주의 모두 의식으로부터 언어와 행위의 분리를 암시한다. 당신이 말하고 있는 것이 당신이 생각하는 것은 아니다. 그러나 이러한 분리는 아이러니와 냉소주의에서 서로 다른 방향을 취한다.

블라디미르 얀클레비치Vladimir Janklevitch는 자신의 저서『아이러니』Irony에서 냉소주의를 다음 같은 방식으로 정의한다. "냉소주의는 종종 기만당한 도덕론이고, 아이러니의 극단적 형식이다 ……" 냉소주의는 학식을 갖춘 형식의 아이러니이며, 속물들에게 충격을 주는 즐거움을 위해 사용된다고 그는 암시한다.

냉소는 과장surenchère의 철학이다. 얀클레비치가 적고 있듯이 "소크라테스 이후 아이러니는 도덕적 근본주의의 과장법이 되는 경향이 있다 ……" 냉소는 기만당한 도덕론, (도덕) 가치들이라는 고정된 체계에 의존하는 행동을 판단하는 것이다. 과거 세기의 철학인 변증법적 유물론은 도덕론의 형식을 취했다. 역사의 방향으로 움직이는 모든 것(진보, 사회주의 등등)은 좋은 것이다. 역사의 방향을 거스르는 것은 무엇이든 나쁜 것이다. 68운동 이후 냉소주의는 고통스런 자각의 결과이다. 즉 우리는 진리를 성취하지 못했기 때문에, 우리는 자신을 비非진리와 합쳐야 할 것이다. 그리고 이것이 아이러니와 냉소주의가 갈라서는 지점이다. 아이러니적 담론은 결코 성취될 혹은 현실화될 진리의 존재를 전제하지 않는다. 아이러니는 해석의 무한한 과정을 함축한다. 반면 냉소주의는 (상실된) 신념으로부터 결과한다. 냉소적인 사람들은 자신의 신념을 잃었다. 아이러니스트들은 결코 애초에 시작할 신념도 없었다. 얀클레비치의 말에 따르면 "아이러니는 마법에 걸리는 것을 거부했다는 그럴듯한 이유로 결코 환멸을 느끼지 않는다."

그럼에도 불구하고 아이러니와 냉소주의 모두 진리의 도덕적 내용과 도덕성의 진실한 내용에 대한 불신을 유예하는 것에서 시작한다. 냉소적인 사람들과 아이러니스트들 모두 진리와 선이 신의 마음 혹은 역사 안에 존재하지 않음을 알고 있다. 그리고 인간 행위가 법에 대한 어떠한 존경에도 근거하고 있지 않음을 알고 있다. 『마조히즘 : 냉정과 잔혹함』*Masochism : Coldness and Cruelty*에서 들뢰즈는 법과 아이러니에 대해 말한다. "우리는 아이러니를 운동이라 부르며 그 운동은 법을 넘어서 보다 높은 원리로 가는 것에 있다."

아이러니도 냉소주의도 법의 진실한 토대를 믿지 않는다. 그러나 냉소적 인간은 그 거짓과 가시적인 가치들을 조롱하면서도 법에 순응하는 반면, 아이러니스트는 그 법이 효력을 갖지 못하는 언어적 공간을 창출하면서 그 법을 피해버린다. 냉소적인 사람은 권력의 편에 서고 싶어 한다. 비록 그가 그 정당함을 믿지는 않을지라도 말이다. 아이러니스트는 간단히 그 게임을 거부하면서, 현실과 조응하지 않는 언어의 토대를 둔 세계를 재창조한다. 대중적 냉소주의(지니스무스)는 고통을 주고받는 공격과 관계가 있지만 아이러니는 공감에 근거를 두고 있다. 냉소적 행동은 대화 상대자와의 그릇된 관계에 전적으로 매달려있지만, 아이러니는 현실에 대한 공유된 유예를 포함한다. 아이러니의 사용은 자신과 자신의 청자들 간의 공유된 가정과 함축들의 느낌을 포함한다. 아이러니는 거짓말과 혼동될 수 없다. 얀클레비치는 아래와 같이 적고 있다.

"거짓말은 전쟁 상태다. 그리고 아이러니는 평화 상태다. 거짓말쟁이는 속임을 당하는 자와 같지 않다. 속기 쉬운 의식은 유리함을 계속 유지하려고 하는 거짓말하는 의식과의 관계에서 굼뜨고 더디다. 대신 아이러니는 총명한 대화 상대자를 믿고, 그를 진정한 대화의 파트너로 취급한다. 아이러니는 사유 작용을 자극하고, 이해라는 공감의 메아리를 부른다."

맑스주의 사상을 규정했던 선善을 향한 역사적 사건들의 끊임없는 운동과 권력 간의 융합이 분리되었다. 여기서 아이러니와 냉소주의의 갈림길이 열린다. 아이러니는 수많은 가능한 해석들 중에서 자유롭게 선택할 수 있도록, 기표의 의미론적 가치를 유예한다. 사건들에 대한 아이러니적 해석은 화자와 청자들 간의 공통의 이해를 전제한다. 그 아이러니적 행동에 연루된 사람들 간의 공감은 기의의 독재로부터 공통의 자율에 도달한다.

잠

1970년대 자율 운동의 의식은 들뢰즈와 가따리에 대한 독서를 통해 현실에는 어떠한 의미도 존재하지 않는다는 것을 깨달았다. 현실의 의미란 운동 그 자체에 의해 창출되어야 한다는 것을 깨달은 것이다. 그래서 그 자율 운동은 윤리적 지평이 역사적 필연성이라는 특징을 갖는다는 생각과 절연했고, 아이러니적 분위기mood로 그 정신을 개방했는데, 그 분위기는 윤리적 책임과 정치적 선택의 특이화를 의미한다. 이러한 도덕적 비결정의 (포스트변증법적) 공간에서 언어적 언표행위와 정치적 행동은 어떠한 존재론적 토대도 없다.

역사적 이데올로기의 틀에서 연결되어 있었던 권력 의지와 선善에 대한 연구는 지금 분기하고 있다. 여기서 아이러니와 냉소주의의 갈림길이 열린다.

아이러니는 기표의 의미론적 가치를 유예하며, 수많은 가능한 해석들 중에서 자유롭게 선택한다. 아이러니적 해석은 대화 상대자들 간의 공통적 이해의 토대를, 그 아이러니적 행위에 연루된 사람들 간의 공감, 그리고 기의의 독재로부터 공통의 자율을 암시하고 전제한다.

냉소주의는 동일한 유예로부터 시작하지만 아이러니의 노예적 변조modulation이며, 권력에 복무하는 아이러니다. 반면 아이러니는 어떠한 현실적 존재도 상정하지 않는다. 냉소주의는 권력, 특히 경제 권력의 피할 수 없는 현실을 상정한다.

아이러니는 무한한 가능성들의 게임의 시작이다. 냉소주의는 윤리학과 가능성의 분리다. 냉소적 분위기는 윤리적 행위가 성공할 가능성이 없다는 생각에서 출발한다.

아이러니스트는 어떠한 것도 꿈에서 그녀를 깨울 수 없기 때문에 편한 잠을 잔다. 냉소주의자는 선잠을 잔다. 그는 악몽을 꾸고, 권력이 그를 호출하자마자 잠에서 깬다.

한국어판 저자 서문

1. bourg는 '부르주아'(bourgeois)라는 단어의 어원이다. 원래의 의미는 유럽 봉건 시대에 성채로 둘러싸인 지역을 말한다. 독일어의 'burg'나 영어의 'bourough'가 같은 어원에서 갈라져 나왔다. 조선 시대의 사대문 안을 지칭하는 의미로 보아도 무방할 것이다. 따라서 부르주아는 원래 '성채 안에 사는 사람들'을 의미하며, 이것이 근대로 오면서 '시민'을 지칭하게 되고, 맑스가 규정할 때에는 무산 계급인 프롤레타리아와 대립적으로 유산 계급을 의미하게 된다.

2. 협치(governance)는 정부(government)의 수직적 통치에 반대되는 개념으로, 정부, 기업, NGO, 대학 등등 시민사회의 다양한 조직들이 자발적이고 수평적으로 상호 의존, 협력하는 통치 방식 혹은 네트워크 체계를 의미한다. 조정환, 『인지자본주의』, 갈무리, 2011, 548쪽.

3. 하이퍼리얼리티는 '실재보다 더한 실재'라는 의미로 사용된다. 보드리야르는 『시뮬라시옹』에서 원본의 모사(模寫)에 불과한 파생 실재인 시뮬라크르들의 세계에 대해 말한다. 가령 화폐의 역사에서 그 자체로는 아무런 가치도 없는 플라스틱에 불과한 신용카드가 현물 화폐나 주화보다 구입과 판매에서 절대적 위치를 점하는 것이 그 예가 될 것이다.

4. 20세기 들어 인문학의 화두는 단연코 언어였다. '언어적 전회'라고 불리는 이 현상에서 언어가 세계를 제대로 반영하고 있는가라는 의미에서 '거울'의 메타포가 자주 사용된다. 거울들의 게임이라는 표현은 두 개의 거울 사이에 낀 대상이 무한히 거울 속에서 반영되는 것처럼, 언어와 지시대상과의 고정된 관계가 깨진 자기-반영성이나 자기-유사성을 의미한다.

서론

1. automatism은 '자동기제'로, automation은 '자동화'로 옮겼다. 원래 automatism의 사전적 정의는 문학이나 회화에서 무의식의 상태를 가감 없이 그대로 기술하는 방식(자동기술법)을 의미하지만 이 책에서는 무의식적 심리기제와 기계 자동화를 동시에 함축한다고 보여서 자동기제라고 옮겼다.

2. 마스트리흐트 조약은 1992년 2월 7일 네덜란드 마스트리흐트에서 유럽 공동체 가

입국이 서명하고 1993년 11월 1일부터 발효한 조약으로 유럽연합의 기초가 되는 조약이다. 이 조약은 유로화폐의 도입을 이끌었고, 유럽연합의 세 가지 중심구조 (경제, 군사, 사법 공동체)의 기초 위에 이것을 더 확대해 조약으로 만들었다.

3. 일반 지성은 맑스가 『정치경제학 비판 요강』에서 생산에 응용된 과학기술을 통칭할 때 사용하는 말이다. 이것은 지성의 일반화 경향을 요약하는데, 여기에는 특이한 지성들을 추상하고 표준화하거나 규범화하는 과정이 수반된다. 조정환은 『인지자본주의』에서 이 지성의 일반화를 지성의 자본주의적 이용의 결과로 이해한다. 이 외에도 집단 지성, 대중 지성 등도 일반 지성과 유사한 외연을 갖으며 이것들은 모두 불가피하게 특이성의 삭제, 말소의 작용을 수반한다고 본다. 그러나 다중 (multitude) 지성의 경우는 이러한 각 지성의 특이성들이 말소, 삭제되지 않으면서도 서로 연결되고 공통화 하는 것을 지칭한다. 조정환, 『인지자본주의』, 갈무리, 554쪽 참조.

4. 빈 회의는 오스트리아의 정치가 클레멘스 벤젤 폰 메테르니히(Klemens Wenzel von Metternich)를 의장으로 하는 유럽 국가 대표들의 모임이었다. 그 모임은 1814년에서 1815년 사이 오스트리아의 수도 빈에서 개최되었다. 회의의 목적은 프랑스 혁명 전쟁, 나폴레옹 전쟁 그리고 신성 로마 제국의 해체 여파로 발생했던 여러 문제들을 해결하자는 것이었는데, 결과적으로 유럽 각국의 경계와 지배권을 프랑스 혁명 이전의 상태로 되돌려 놓았고, 민족주의와 자유주의를 억압하였다. 본문에서 '복고'(restoration)는 이처럼 구체제로의 귀환과 보수성이라는 의미를 담고 있다. 빈 회의의 역사적 의의는 각국의 힘의 균형을 위한 최초의 일련의 국제적 회합이었고, 훗날 유엔 같은 기구를 위한 모델로서 기능했다.

5. 회화에서 포르투나는 두 눈을 가린 채 묘사된다. 운명의 수레바퀴를 돌리는 여신. 그녀는 눈을 가렸고 바퀴의 운동은 목적을 가진 직선 운동이 아닌 우발적이고 무목적(無目的)적인 순환 운동이기에 어느 누구도 자신의 운명을 예측할 수 없다. 일순간 왕자에서 거지로, 거지에서 왕자로 운수가 뒤바뀌는 것은 그야 말로 운명이기 때문이다. 마키아벨리는 『군주론』에서 다음과 같이 말하고 있다. "운명은 여성이어서 그녀를 손아귀에 넣어두고 싶다면, 때려눕혀 거칠게 다루는 것이 필요하기 때문입니다. 그리고 그녀는 냉철한 태도로 접근하는 사람보다 과감한 사람에게 더욱 많이 이끌립니다. 또한 운명은 언제나 젊은이들과 더 친하게 사귀는데, 젊은이들은 그다지 신중하지도 않고 매우 공격적이며 보다 더 대담하게 그녀를 다루기 때문입니다."(마키아벨리, 『군주론』, 권혁 옮김, 돋을새김, 202쪽 참조). 여기서 알 수 있듯이 포르투나는 변덕이 심한 여성적 존재로 묘사되고 있는데 결단력, 과감함, 용

맹함을 갖춘 존재에게는 행운을, 그렇지 못한 존재에게는 불운으로 다가온다. 따라서 포르투나의 갑작스런 다가옴에 대비하기 위해서 요구되는 것이 비르투(virtu)이다. 이것은 요즘 미덕[덕목](virtue)으로 옮겨지지만, 당시의 용법으로는 용맹함에 가까운 의미로 쓰였고, 포르투나의 대항 짝이었다.

6. 도착률(arrival rate)은 데이터 전송 장치 등에서 일정 시간에 전송을 위해 전송 장치에 부여되는 문자나 메시지의 개수를 뜻한다.

7. 시스템에서 산출된 결과물이 다시 시스템의 작동에 관여하는 것을 피드백이라고 한다. 음성적 피드백은 산출된 결과물이 시스템의 작동을 억제하는 방향으로 작동하는 경우다.

8. affect는 정서, 정동, 감응, 변용 등등 다양한 방식으로 옮겨진다. 그러나 affect와 affection이 함께 쓰일 경우, 번역에 세심한 주의를 요하는데, 전자는 정동(情動)으로 후자는 정서, 감정, 감응으로 옮겨야 한다. 정동은 정서에 비해 활력이나 능동성, 생산의 의미를 실어 나른다. 이 책에서는 affection외에 affect는 거의 사용되지 않고 있어 맥락에 따라서 정서[정동]으로 옮겼다. 자세한 내용은 질 들뢰즈와 안또니오 네그리 외,『비물질노동과 다중』, 서창현 외 옮김, 갈무리, 2005의 1부 「정동과 비물질 노동」을 참조.

9. insolvency는 사전의 정의상 지불할 능력이 없다는 의미지만 이 글에서는 이탈리아 자율 운동의 주요 표제인 '노동 거부'라는 맥락을 고려하여 보다 적극적인 저항의 의미인 '거부'로 번역하였다.

10. 들뢰즈와 가따리는 『안티 오이디푸스』(Anti-Oedipus)에서 생산의 세 가지 종합으로서 연결[접속](connective), 이접(disjunctive), 통접[연접](conjunctive)를 제시하고 있다. 연결은 생산의 생산, 이접은 등록/분배의 생산, 연접[통접]은 소비의 생산을 나타낸다. 네그리가 프랑스 망명 중 가따리와 만난 것을 계기로 이탈리아 자율주의가 들뢰즈/가따리의 사유에서 많은 영향을 받은 것은 분명하다. 그러나 이 글에서 저자는 연결과 통접의 의미를 들뢰즈와 가따리의 정의에 따라 사용하고 있지는 않다. connection은 문맥에 따라 연결 혹은 접속으로 옮겼다.

11. indexicalization은 문맥에 따라 색인화와 지표화로 옮겼다.

12. 프레드릭 카플란(Frederic Kaplan)은 프랑스 출신의 연구자, 기업인이다. 그는 스위스 로잔의 에콜 폴리테크닉 페더럴(École Polytechnique Federale de Lausanne)의 디지털 인문학과장이며 디지털 인문학 연구소를 지도하고 있다. 파리 6대학에서 인공 지능에 관한 연구로 박사학위를 취득했고, 스위스로 오기 전에, 그는 10년 동안 소니 컴퓨터 과학 연구소에서 인공지능 로봇에 관한 연구원으로 근

무하기도 했다. 그는 6권의 저작과 100여 편이 넘는 과학 논문을 발표했으며, 그가 만든 발명품과 장치들은 파리에 있는 뽕피두 센터와 뉴욕의 현대 미술 박물관 등에 전시되어 있다. 여기 수록된 글은 2011년 11월 『르몽드』에 실린 기고문이다.

13. 일반적으로 conjunction[ve]는 들뢰즈와 가따리의 저작에서 연접[적] 혹은 통접 [적]으로 옮겨 적는다. 논리적 연결사로서의 연접[통접]은 therefore it's …… '따 라서 그것은 …… 이다'처럼 하나의 결과물로 수렴시킨다는 의미를 함축하며 『안 티 오이디푸스』에서는 세 가지 종합으로서의 통접(conjunction)은 소비의 생산 으로서, 생산의 생산인 연결[접속](connection), 등록/분배의 생산인 이접 (disjunction)과 구별된다. 그러나 이 글에서 저자는 연결[접속](connection)과 통접(conjunction)을 개념적으로 구별하여 사용하면서도, 전자보다는 후자에 가 치론적 중요성을 부여한다. 역자가 보기에 『안티 오이디푸스』에서 세 개의 종합 은 가치론적 위계가 없는 듯 보이고, 『천 개의 고원』에서는 이러한 구분법도 사라 지고 연결[접속]이 생산과 창조의 유일한 원리로 부각된다고 보기 때문에, 저자는 들뢰즈와 가따리의 논의에서 일정 정도 이탈하는 것으로 보인다. 따라서 기존의 번역을 따르지 않고 conjunction/conjunctive는 결합/결합적이라고 옮겼다.

14. 알기르다스 J. 그레마스(Algirdas J. Greimas, 1917~1992)는 러시아에서 리투아 니아 출신의 부모 사이에서 태어났다. 이후 프랑스로 건너가 구조 어휘론을 연구하 여 박사학위를 받는다. 소쉬르와 예름슬레우에게 영향을 받아 구조주의 기호학으 로 연구방향을 전환한다.

1장 유럽의 붕괴

1. virtual은 들뢰즈의 고유한 사유에서는 '잠재적'으로 옮겨야 한다. 그것은 아직 현 실화되지는 않았지만 현실화되기를 기다리며 잠복하고 있다는 의미이다. 반면 보 드리야르의 경우는 '가상적' 혹은 '현실보다 더 현실적'이라는 의미로 사용되고 있 는데 이 글에서 언급되는 virtual은 보드리야르의 해석으로만 쓰인다.

2. 프랙탈(fractal)은 프랑스 수학자 만델브로 박사가 '쪼개다'라는 뜻을 가진 그리스 어 프랙투스(fractus)에서 따와서 만들었다. 작은 구조가 전체 구조와 비슷한 형태 로 끝없이 되풀이되는 구조를 의미하는 것으로 '부분과 전체의 상사성'과 '순환성' 이라는 특징을 갖는다. 프랙탈 도형을 만들 때, 방식은 간단하지만 무한히 반복해 야 한다는 전제가 있으므로 이것은 컴퓨터 시대를 전제로 해서만 가능한 기하학이 다. 프랙탈 이론이 야기한 또 하나의 중요한 효과는 차원의 개념을 일반화했다는 점 도 있다. 프랙탈 차원을 도입하면 차원은 불연속적인 것이 아니라 연속적인 것이며

무한하다는 점이 밝혀지고 우리가 알고 있는 불연속적 차원들, 1차원, 2차원, 3차원 등은 프랙탈 차원의 특수한 경우들이라는 것이다. 이것을 들뢰즈의 접힘의 맥락에서 이해하면 더 많이 접힌 프랙탈 도형일수록 차원이 높다는 얘기다. 자세한 내용은 이정우,『접힘과 펼쳐짐』, 거름, 2000, 139~154쪽 참조.

3. 화용론은 언어의 의미를 언어사용 맥락에서 연구하려는 분야이며, 일반적으로 행동과의 관계 속에서 언어활동을 다룬다. 문법적으로 바른 문장이더라도 맥락에 비추어 적절하지 않을 수 있고, 문법적으로 비문이어도 맥락상 적절할 수도 있다. 이처럼 언어에서 의미의 생산이 문법[코드]이 아니라 언어 외적인 것들 ─ 어조, 결부된 행동, 맥락 등 ─ 에서 나오는 것으로 보는 관점을 화용론이라고 한다.

4. 2차 세계대전이 끝나기 직전인 1944년 미국 뉴햄프셔 브레튼 우즈에서 44개 연합국 대표들이 모여 체결한 국제 통화 체제 협정을 말한다. 주요한 내용으로 첫째, 국제통화기금(IMF)과 국제부흥개발은행(IBRD)의 설립. 둘째, 미국 달러화를 기축통화로 하는 금본위제. 셋째, 고정환율제도 등이 있다. 이 체제가 지속되는 동안 서구는 자유무역을 기반으로 고도의 경제성장을 이룩하였으나, 베트남 전쟁을 계기로 미국의 국제수지 적자, 전비 조달에 기인하는 인플레이션으로 달러화의 가치가 하락하면서, 금 태환에 대한 요구가 빗발치자 닉슨 대통령이 금 태환 정지를 선언[모라토리엄]하면서 이 체제가 붕괴하였다.

5. 1970년대 시카고 대학에서 공부한 젊은 칠레 경제학자들을 지칭한다. 이것은 1950년대 미국 내무부가 주도하고, 포드 재단이 후원한 '칠레 프로젝트'의 결과였다. 칠레 프로젝트는 경제에 대한 칠레인의 생각에 영향을 미치려는 목적으로 행해졌지만, 1970년대 초까지 시카고 보이즈는 칠레의 경제와 정치적 사유에서 주변부에 머물러있었다. 심지어 벽돌(El Ladrillo, 제안서가 '벽돌'처럼 두껍다고 해서 붙여진 명칭)이라고 불리는 시카고 학파의 사상에 기초를 둔 500여 쪽에 달하는 계획안이 대통령 선거전에서 호르헤 알레산드리(Jorge Alessandri)의 대안적 경제 정책의 일환으로 제시되었지만 그는 이것을 거절했다. 그러나 피노체트(Pinochet)를 권좌에 앉힌 1973년 칠레 쿠데타 이후, 이것은 새로운 정권의 경제 정책의 기초가 되었으며, '벽돌' 보고서 저자 중 8명이 시카고 보이즈의 일원이었다.

6. 골드만 삭스(Goldman Sachs)는 모건 스탠리와 함께 국제 금융 시장을 주도하는 대표적인 투자은행 겸 증권회사이다. 뉴욕에 본부를 두고 있으며, 기업의 인수합병과 채권 발행 등의 사업을 하고 있다.

7. J. L. 오스틴(Austin)은 사람이 말을 한다는 것은 의미의 전달을 위해 소리를 내는 행위인 언표적 행위(locutionary), 문장을 발화하는 중에 청자에 대해 행하게 되는

약속, 명령, 축하 등과 같은 언표내적(illocutionary) 행위, 문장을 발화함으로써 결과적으로 이루게 되는 언향적 행위(perlocutionary act)를 동시에 한다고 보았다. 그는 이 세 가지 중에서 언표내적 행위를 화행(speech act)의 핵심으로 보았다. 발화 안에 그 발화의 언표내적 행위를 명시하고 있는 발화를 수행적(performative) 발화라고 한다.

8. 플럭서스는 흐름, 변화, 움직임을 의미하는 라틴어다. 여기서는 주로 1960년대와 1970년대에 걸쳐 독일에서 일어난 국제적 전위운동을 가리킨다. 예술 시장과는 거리가 먼 예술가 개개인들이 모인 지극히 자유로운 집단이다. 자세한 내용은 조정환·전선자·김진호, 『플럭서스 예술혁명』, 갈무리, 2011 참조.

9. 2005년 11월부터 슈뢰더에 이어 독일의 총리를 맡아오고 있는 앙겔라 메르켈(Angela Merkel)은 그리스 디폴트 사태 이후 심화된 유로존 금융위기에서 상대적으로 탄탄한 자국의 은행, 기업들이 다른 유럽연합 회원국들의 금융 부실에 대한 책임을 함께 떠맡는 것에 대해 지속적 우려를 표명하면서 책임의 공동부담에 대해 강하게 반대해왔다. 옮긴이가 이 글을 번역하는 동안에도, 유럽 중앙은행이 금융동맹의 설립을 촉구하였으나, 각국이 금융 감독 권한을 양보하지 않는 한 금융동맹 설립에 반대한다는 입장을 분명히 했다.

10. 한국어판: 미셸 푸코, 『생명관리정치의 탄생』, 오트르망(심세광·전혜리·조성은) 옮김, 난장, 2012.

11. nonthought는 그 용례가 많지는 않지만 종교적 의미로 사용되고 있는 것으로 보인다. 인터넷 검색을 통해 찾아본 용례에 따르면 불교와 명상에서 말하는 집착에서 벗어난 '무분별'의 상태를 지칭하는 것으로 파악된다. 그러나 이 글의 맥락에서는 무관심 정도의 의미를 갖으며 만족스럽지는 않으나 딱히 적절한 용어를 찾지 못해 '무념'이라고 옮겼다.

12. 필립 K. 딕(1928~1982)은 20세기가 낳은 최고의 SF 작가이다. '헐리웃이 사랑하는 SF 작가'라는 홍보문구에서 알 수 있듯이, 그의 많은 작품들이 영화화 되었는데 블레이드 러너의 원작인 『안드로이드는 전기 양을 꿈꾸는가?』와 토탈 리콜의 원작인 『도매가로 기억을 팝니다』 등이 있다.

13. 자니 로튼(1956~)의 본명은 존 라이든(John Lydon)으로 1970년대 후반 영국의 전설적 펑크 록밴드 섹스 피스톨즈(Sex Pistols)의 멤버다.

14. 베르나르 앙리-레비를 필두로 하는 프랑스의 '신철학자'들은 68혁명 당시의 좌익 노선을 버리고 '마르크스의 죽음'을 선언하며 우경화한 지식인들을 지칭한다.

15. 시[문학]의 어원인 poeisis는 '만들다'라는 의미를 갖는다.

16. 미국의 경제학자 아서 래퍼(Arthur Laffer) 교수가 주장한 세수와 세율 간의 역설적 관계를 의미한다. 상식적으로 세율이 높으면 세수가 높아지는 것이 정상이지만 일정 수준, 즉 최적 조세율을 넘어서면 세수가 줄어든다는 것이다. 지나치게 세율이 높으면 근로 의욕이 감퇴하므로 세원 자체가 줄어들기 때문에 이때에는 세율을 낮춤으로써 세수를 증가시킬 수 있다는 것이다. 이 논리가 기업의 투자 행위에도 적용되어 지나치게 기업들에게 높은 과세를 부과하는 것이 기업 이윤을 감소시켜 기업의 투자활동을 막는다는 주장이다.

17. 물가변동 등 일정한 기준에 따라 임금액을 자동적으로 조정하는 제도를 말한다. 물가의 변동에 대응해서 임금을 올리거나 낮춤으로써 실질 임금을 일정하게 유지하려는 것이다.

18. 루퍼트 머독(Rupert Murdoch)은 전 세계 미디어의 4분의 1을 장악하고 있는 미디어 황제다. 〈20세기 폭스〉, 〈폭스 TV〉, 〈STAR TV〉, 〈ESPN〉, 〈SKY TV〉 등등 그를 폐위시키면 우리는 이 모든 것들을 포기해야 한다. 그의 언론철학은 돈을 벌기 위해서 언론은 재미와 오락을 줄 수 있어야 한다는 것이었고, 섹스, 스포츠, 범죄 등 선정적 기사와 컨텐츠에 집중했다.

19. 영국 폭동은 2011년 8월 4일 런던 북부 토트넘 지역에서 평화적 시위에 대한 경찰의 무력진압으로 인해 무고한 흑인 청년(마크 더건)이 경찰의 총에 맞아 사망하면서 불이 붙었다. 이후 더건의 사망에 대처하는 경찰의 태도와 인종차별 문제가 불거지면서 시민들 특히 낙후된 지역의 저소득층들의 분노가 폭발하였다. 2011년 8월 6일부터는 전국에서 동시다발적으로 시위가 확대되면서 버밍엄과 리버풀 지역에서도 폭동이 발생했다. 폭동의 원인은 장기 경기침체와 높은 청년실업률 그리고 정부의 긴축정책에 대한 불만 등이며, 약탈과 방화라는 폭력 시위로 변질되다가 2011년 8월 10일 경찰의 강력한 진압으로 서서히 불길이 잦아들게 되었다. 급속하게 다문화 사회로 이행하고 있는 한국의 경우도 외국인 노동자들의 이주로 인한 외국인 노동자들 간의 혹은 외국인과 내국인 간의 인종, 민족 간 갈등의 문제는 잠재되어 있다.

20. 1990년 벨기에, 네덜란드, 룩셈부르크, 프랑스, 독일, 이탈리아, 포르투갈, 그리스, 스페인, 오스트리아 10개국에 의해 협정된 조약으로, 협정국간 인적자원의 자유로운 이동을 위해 역내 국경 철폐, 공동비자 발급, 더 엄격한 대외 국경통제를 규정하고 있다.

21. 위키리크스는 정부나 기업의 비윤리적 행위와 관련된 비밀문서를 폭로하는 웹사이트다. 2006년 12월 아이슬란드 수도 레이캬비크에서 설립되었으며 이 사이트의

멤버 중 유일하게 신원이 알려진 사람은 언론 자유와 검열제도 철폐를 주장해온 해커 출신의 줄리언 어산지(Julian Assange)이다. 그는 위키리크스가 국민의 알 권리와 중대 사안에 대해 국민 스스로 판단하고 결정할 수 있도록 돕는 국제적 공공서비스이며, 민주주의의 도구라고 자평하고 있다. 정보 제공은 익명의 제보자들이 자유롭게 글을 올리고 수정할 수 있도록 하였지만 정보의 신뢰성, 검증가능성 등을 고려하여 위원들이 선별하며 자원봉사자들과 후원자들의 기금으로 운영되고 있다.

22. 한국어판 : 데이비드 그레이버, 『부채, 그 첫 5,000년』, 정명진 옮김, 부글북스, 2011.

23. 한국어판 : 마우리치오 라자라토, 『부채인간』, 허경·양진성 옮김, 메디치미디어, 2012.

24. 베르사이유 회의는 파리 강화 회의라고도 한다. 1919년 1차 세계대전의 승전국들이 모여 연합국과 동맹국 간의 평화 조약을 협의한 국제회의였다. 주요 골자로는 패전국 독일에 과중한 책임을 물어 독일의 식민지 영토를 승전국들이 분할했고, 소련을 배제했으며, 유엔의 설립 등을 논의했다. 미국 대통령 윌슨의 민족자결 원칙에 따라 식민지 국가들의 독립요구가 거세었지만 열강들의 이해관계에 따라 무시되었고, 동유럽 국가들에 한해서만 이 원칙이 적용되었다.

25. 탑해트(top-hat)는 실크해트, 하이해트라고도 불린다. 높고, 넓은 챙을 가진 모자로 18세기 후반에서 20세기 중반까지 유행했다. 탑해트는 종종 상류계급을 연상시키는데, 사회 비평가나 풍자가들에게는 좋은 소재가 되었다. 사회주의 매체나 카툰에서는 그것이 자본주의의 상징으로 쓰였고, 미국의 독점적 지배력을 상징하는 '엉클 샘'도 그 모자를 쓰고 있다.

26. 장-끌로드 트리셰(Jean-Claude Trichet, 1942~)는 1993년 프랑스은행 총재에 취임해서 강력한 물가 억제정책을 성공시키며, 프랑스은행의 위상을 높였다는 평가를 받았다. 프랑스은행에서 퇴임 이후 2003년에서 2011년까지 유럽 중앙은행의 총재를 지냈다.

27. 폴 크루그먼은 현재 가장 영향력 있는 경제학자 중의 한 명으로 2008년도 노벨 경제학상 수상자이기도 하다. 그는 부시 임기 내내 그의 신자유주의 경제를 비판했고 동아시아의 경제 위기를 예견했던 것으로 유명해졌다. 오바마에게 기대를 걸고 그를 지지하였으나 최근 오바마의 경제 회생정책에 대해서도 가차 없는 독설과 비판을 가하고 있다. 그는 『불황의 경제학』에서 세계 경제가 공황으로 가지는 않겠지만 불황이 장기화될 것이라는 비관적 전망을 내놓았다.

28. 보수적이고 감상적인 것에 반대하는 미래파의 사상에 활력을 준 것은 기술사회로

의 급격한 전환이었다. 시인 마리네티는 시대의 변화에 적응하지 못하는 정적인 예술에 반대하며 변화, 속도, 운동성을 추구하는 열린 예술개념인 미래주의를 선언했다. 그는 자동차가 여신보다 아름답다며 미의 기준은 시대에 따라 다른 것임을 역설하며 과학기술을 긍정적으로 찬미했다. 정치적으로 미래파는 무정부주의적이었지만 전쟁에 적극적으로 참여하기도 하였는데 대포가 날아가는 것의 역동성의 쾌감을 느끼고 싶다는 것이 그 이유였다. 이처럼 역동성과 운동에 대한 집착과 강조는 훗날 파시즘의 역동성에 매료되어 그것에 봉사하며 그것의 산하부대로 전락하는 결과를 낳고 말았다.

29. 기술-위생적 젊은이 양식(techno-sanitarian youth-styled)이라는 난해한 문구의 의미는 저자에게 직접 문의한 결과 다음과 같은 답변을 얻었다. 디지털 세대의 젊은이들은 매끈한 피부를 선호하는 경향이 있고, 체모를 혐오하는 경향이 있다. 가령 스킨헤드족이라든가, 제모의 유행 같은 것이다. 이것은 1970년대의 긴 머리를 선호하던 경향과는 사뭇 다른 것이다. 저자는 이것을 디지털 시대의 미학적 기호라고 본다. 물리적으로나, 은유적으로나 신체의 털은 디지털에 위험한 것으로 간주된다는 것이고 가능한 한 매끈한 것을 선호한다는 의미로 풀이할 수 있겠다.

30. 그레고리 베이트슨(Gregory Bateson, 1904-1980)은 영국 출신의 미국 인류학자, 사회학자, 언어학자, 사이버네틱스 이론가이다. 그의 작업은 다양한 학문분야들에 걸쳐 있었고, 주로 시스템 이론과 사이버네틱스를 사회과학, 행동과학과 접목하는 데 관심을 보였다. 주요한 저작으로『마음의 생태학』(*Ecology of Mind*)이 있다.

31. 이중구속(double-bind)은 그레고리 베이트슨이 1950년대에 정신분열증에 관해서 제시한 이론이다. 이것은 몸을 조금도 움직일 수 없는 정신 상태를 의미하는데, 가령 어머니가 아이에게 무언가를 하도록 지시한 후 동시에 그 행위를 하면 체벌을 할 것 같은 태도를 보이는 경우다. 이러한 경우에 아이는 이러지도 저러지도 못하는 상태가 발생하는데 이것을 이중구속이라고 한다. 베이트슨은 아버지가 없는 경우에 이러한 상황이 발생하기 쉽다고 지적한다.

2장 언어, 경제 그리고 신체

1. 더블 딥은 경기침체 후 잠시 회복기를 보이다가 다시 침체에 빠지는 이중침체 현상을 말한다. 일반적으로 2분기 연속 마이너스 성장을 기록하는 것을 경기침체라고 하는데 이러한 경기침체가 두 번 계속된다는 뜻이다. 경기침체가 저점을 기록한 뒤에 반등하는 V자형 구조와 달리, 두 번의 경기침체를 겪어야 회복이 된다는 점에서 W자형 구조라고도 한다.

2. '뿌리줄기'를 뜻하는 리좀(rhizome)은 들뢰즈/가따리 사유에서 중심적 개념이다. 그것은 연결과 접속, 이질성 그리고 다양성이라는 원리를 특징으로 한다. 리좀은 그 어느 것과도 존재론적으로 동등하게 접속할 수 있으며 이질적인 것과의 접속을 통한 생성과 변화의 운동 원리이다.

3. 로마클럽은 1968년 이탈리아의 아우렐리오 페체이(Aurelio Peccei)가 심각한 환경 문제에 관한 연구의 필요성을 깨닫고 뜻을 같이하는 유럽의 경제학자, 과학자, 기업인 등 36명이 모여 스위스에 설립한 비영리 민간 단체다. 지구의 유한성이라는 문제의식을 갖고 천연자원의 고갈, 공해에 의한 환경오염, 폭발적인 인구증가, 군사기술의 진보에 따른 대량 살상무기 등의 위기에 대한 가능한 회피의 길을 모색하여 경고, 조언하는 것을 목적으로 한다. 로마클럽이라는 이름이 붙은 것은 첫 회의가 1968년 로마에서 열렸고, 본부가 로마에 있기 때문이다.

4. 인터넷 관련 분야가 성장하면서 산업 국가의 주식 시장이 지분 가격의 급속한 상승을 본 1995~2000년에 걸친 경제 거품 현상을 닷컴 버블이라고 한다. 닷컴 경제는 인터넷 기반 기업이 설립되는 시기였고 많은 경우 실패로 끝이 났다.

5. 전쟁기계(the war machine)는 들뢰즈와 가따리가 국가 장치와 대립되는 개념으로 내세운 것이다. 여기서 '전쟁'은 새로운 것을 창조함으로써 낡은 것과 벌이는 전쟁이며, 반드시 물리적 폭력이나 죽음을 수반하는 것은 아니다. 들뢰즈와 가따리는 "전쟁기계는 무조건 전쟁을 목표로 하고 있는 것은 아니다."(질 들뢰즈·펠릭스 가따리, 『천 개의 고원』, 김재인 옮김, 새물결, 2001, 797쪽)라고 말한다. 오히려 국가 장치가 자신의 권력과 시스템을 유지하기 위해 필요로 하는 것이 우리가 연상하는 물리적 충돌로서의 전쟁이다. 전쟁기계에서의 전쟁은 니체가 말하는 '망치를 든 철학자'에서 망치와 같다. 그것은 동일한 것을 생산/재생산하는 습속과 같은 것을 부수기 위해 필요한 창조적 탈주의 선을 그리는 배치이다. 자세한 내용은 질 들뢰즈·펠릭스 가따리, 같은 책, 12장 「1227년 유목론 또는 전쟁기계」 참조.

6. 언어학과 언어철학에서 지표적(indexical) 행위 혹은 발화는 사태의 어떠한 상태를 지시한다. 예컨대 나라고 하는 것은 말하고 있는 누군가를 지칭하고, 지금은 그 말이 발화되고 있는 시간을 지시하고, 여기는 발화의 장소를 지시한다. 찰스 샌더스 퍼스에게 지표성(indexicality)은 기호의 세 가지 양상들(도상, 기호, 지표) 중의 하나이고, 언어보다 훨씬 포괄적인 현상이다. 그것은 가령 (화재의 지표로서) 연기와 같이 해석과 별도로 무언가를 지시하고 작동한다. 지표성은 화용론의 한 분야로 다루어진다. 왜냐하면 그것이 언어의 사용과 효과에 관심을 갖는다는 점에서 의미론, 통사론, 음운론과는 다른 것이기 때문이다. 지표적인 것은 지시사(이것, 저것)와 밀

접한 관련을 맺고 있는데, 왜냐하면 두 가지 모두 문맥에 따라서 의미가 다양하게 바뀌기 때문이다. 따라서 지표적인 것을 '문맥 의존 지시어'라고도 번역한다.

7. "우리는 세계의 장엄함이 속도라는 새로운 아름다움에 의해 풍요로워 질 것이라고 확신한다. 보닛 위에 터질 듯 숨을 내뿜는 커다란 뱀의 형상을 한 파이프 장식이 달린 경주용 차·포탄을 타고 질주하는 듯 보이는 포효하는 경주용 차가 사모트라케의 승리의 여신보다 아름답다." (미래파 선언문 중에서.) 미래파 선언은 1909년 마리네티가 『피가로』지에 발표했던 것으로 11개의 강령으로 구성되어 있다. 당시 후진 산업국에서 막 도약하려던 이탈리아는 과거의 위대한 문화유산이 커다란 장애로 작용하고 있었다. 이 선언은 문명과 역사의 주인이 되기에는 너무도 무력해져 버렸고, 고고학적 풍요 속에 박제화된 당대의 이탈리아에게 과거에 대한 집착에서 벗어나라고 충고하는 것이다.

8. 베르그손은 시간을 지속의 관점에서 파악하려고 한다. 무엇보다 시간은 완료되는 것이 아니라 끝없이 흐르는 것이기 때문이다. 베르그손은 일상적으로 혹은 과학에서 사용되는 시간은 언제나 공간을 전제로 표상되는 것이기 때문에, 순수한 사유대상으로서의 시간 개념으로는 쓰일 수 없다고 본다. 따라서 철학적 사유의 대상으로서의 시간을 지속으로 규정한다. 그것은 끝없이 흘러가는 것이기 때문에 생성, 변화와 연결된다. 순수한 지속을 사유하기 위해서는 지성 대신 직관이 필요하다. 직관은 시간 안으로, 지속적 운동성 안으로 들어가는 유일한 방법이다. 세잔느의 회화가 갖는 특징은 재현/표상의 틀을 넘어서 공간의 역동성을 추구한 점에 있다. 정물화나 산을 주로 그렸던 세잔느에게 대상과 주체는 안정된 동일성을 확보하지만 오히려 대상과 주체가 존재하는 공간이 유동적이라는 점에서 세잔느의 혁명성이 드러난다. 그것은 공간을 주체의 단일한 시점이 아니라 복수적 시점으로 파악하는 것을 의미한다. 이것을 달리 표현하면 공간을 계속적으로 흐르는 지속, 시간 속에서 파악했다는 것이고 여기가 세잔느와 베르그손이 연결[접속]하는 지점이다.

9. 섹스 피스톨즈(Sex Pistols)는 1975년 결성되어 짧은 기간 동안 대중음악 역사에서 결정적인 영향력을 행사했던 영국의 펑크록 밴드다. 자니 로튼(보컬), 스티브 존스(기타), 시드 비셔스(베이스), 폴 쿡(드럼)으로 구성되었으나 시드 비셔스의 약물 중독으로 인한 사망으로 해체하였다가 1990년대 중반 재결성되었다. 대표곡 〈Anarchy in the U.K〉에서도 알 수 있듯이 모든 것에 저항하는 무정부주의를 음악적 광기로 표현했다는 평가를 듣는다. 당시 이들의 매니저였던 말콤 맥라렌은 유명 디자이너 비비안 웨스트우드와 함께 패션 매장을 운영하고 있었는데, 멤버들에게 공연용 의상으로 쇠사슬, 징, 뱃지 등으로 장식된 가죽이나 고무 재질의 옷을 입

히고, 고슴도치 헤어스타일 등을 유행시키며 패션계를 선도했다. 요컨대 섹스 피스톨즈는 당시 대중문화의 아이콘이었다.

10. 암페타민은 중추신경계를 흥분시키고, 기민성을 증가시키고, 말하는 능력과 전반적인 육체활동을 증대시키는 약물 군이다. 각성제로 알려진 이 약물은 중독성이 있으며 과다복용의 경우, 심장발작의 원인이 되기도 한다.

11. Y2K 버그는 '밀레니엄 버그'라고도 하는데, 컴퓨터가 2000년 이후의 연도를 제대로 인식하지 못하는 결함을 의미한다. 컴퓨터가 인식하는 연도표기는 두 자리로 2000년을 00년으로 인식하게 될 경우, 엄청난 문제가 발생할 것이었다. 따라서 전 세계는 2000년이 오기 전에 미리 PC를 교체하고 새로운 수정 프로그램을 개발하는 등 노력을 기울여 별 문제 없이 2000년을 맞게 되었다.

3장 일반 지성은 신체를 추구한다

1. 라캉은 욕망을 결여로서 정의한다. 그리고 이러한 결여가 인간 주체를 구성하는 존재 조건이 된다. 이와는 반대로 들뢰즈와 가따리는 『안티 오이디푸스』에서 욕망을 생산으로 정의한다. 욕망과 생산 그리고 기계가 동의어 관계에 놓인다. 욕망하는 기계, 욕망하는 생산, 생산하는 기계. 들뢰즈와 가따리가 보기에 라캉의 욕망은 욕망이라기보다는 욕구라는 것이다. 그러나 최근 실재계에 주목하는 후기 라캉 연구의 시각에서 보자면 이러한 평가와 판단은 다분히 일면적인 것이며, 반박될 소지가 많다. 욕망을 결핍으로 정의했다고 해서 그것이 무조건 부정적 함축을 지니는 것이 아니며, 오히려 그것이 환기하는 부재와 무는 새로운 창조/생산을 위한 공간으로 요구되는 것이기도 하기 때문이다.

2. 만트라는 신에게 맹세하거나 원하는 사항을 부탁, 요청하고자 할 때, 외우는 주문이며, 주로 기도 또는 명상 시에 소리 내어 읊는 것을 말한다. 고대 인도에서 사용되었던 용어였지만, 지금은 각 종교에서 사용하는 짧은 음절들의 기도문을 칭한다. 사전적 정의로는 짧은 음절로 이루어진, 사물과 자연의 근본적인 진동으로 되어 있다는 소리나 주문이다.

3. 특이성은 양적 좌표 속에 기입할 수 없는 폭발적이고 가변적인 생명의 힘을 지칭한다. 다시 말해 다른 어떤 것으로도 환원될 수 없고, 계속적으로 변이하는 창조적 활력을 지닌 것으로 파악된 모든 개체가 특이성이라고 할 수 있다. 권력은 이 특이한 힘들을 추상화, 규범화함으로써 자신의 통제력 아래로 그것들을 가져간다. 공황, 불안, 우울 등의 증상들이 그것의 효과이다.

4. 기계, 유기체, 인간의 여러 조직의 과정과 통제 조직에서 보여 지는 공통된 각종 특

징을 찾아내는 과학. 이것은 그 정보와 처리에 관계하는 이론이라고 할 수 있다. 미국의 수학자 노버트 위너가 1948년 『사이버네틱스』에서 창안하여 제시하였다. 사이버네틱스가 중심 문제로 삼는 것은 자기 조절 조직의 구조에 관한 것이다. 이러한 조직은 대개 그 조직의 상태를 혼란시키거나 저해하는 외부 요인에 대해 일정한 상태를 유지하거나 이것을 얻기 위해 몇 개의 하부조직을 가진 복잡한 위계적 구조를 갖는다. 이러한 자기 조절 조직에서 가장 완전한 것은 생물계의 진화 과정에서 획득된 것으로 이루어진다. 이러한 이유로 사이버네틱스는 기계와 생물 유기체를 유비적 관점에서 바라보며, 인조인간을 의미하는 사이보그(cynernetics+organism의 약어로 구성된)도 사이버네틱스에서 파생된 것이다. 자세한 내용은 http://terms. naver.com/entry.nhn?docId=387989&mobile&categoryId=282을 참조.

5. 레이지 어게인스트 더 머신(Rage Against The Machine, 이하 RATM으로 약칭 표기)은 소위 힙합(랩)과 메틀을 퓨전한 당시로선 새로운 유형의 록 밴드였다. 1970년대 저항의 아이콘이 섹스 피스톨즈였다면, 1990년대 저항의 아이콘은 단연 RATM이었다. 그들은 지배 계급에 대한 저항의 촉구와 하층민들의 고통과 분노를 강렬한 비트와 사운드에 실어 표현하였다. 다큐멘터리 감독으로 유명한 마이클 무어가 참여했던 그들의 뮤직 비디오나 앨범 커버도 유명한데, 셀프 타이틀 데뷔 앨범 커버에는 체제에 저항하며 분신하는 승려의 사진을 실었고, 멕시코 올림픽 시상식에서 미국의 흑인 선수가 국기에 경례를 하지 않고 당시 흑인 민권 운동에 대해 경의를 표하는 '흑인의 힘에게 경의를'(Black Power Salute)라는 제목의 사진을 싣기도 했다. 본문에서는 대문자로 표기하지 않아서 록밴드 고유명사가 아닌 단순히 기계에 대한 분노라는 의미와 함께 중의적으로 사용되는 것으로 보인다.

6. 원래 리토르넬로는 17세기 이탈리아 오페라나 칸타타에서 노래의 전주, 간주, 후주로서 반복(리토르노ritorno는 회귀를 의미한다)되는 기악적인 부분을 말하거나 혹은 14세기 이탈리아 마드리갈이라는 시 형식에서 주제를 이루는 시절(詩節) 뒤에 덧붙여지는 부분을 의미하기도 한다. 이 글에서의 리토르넬로는 차이와 반복에 대한 들뢰즈의 독창적 개념에서 기인하는 것으로, 이질적 요소들을 결합하여 하나의 배치로 만들어내는 반복적 성분이라고 할 수 있다. 그것은 반복 안에 내재하는 차이이며, 동일한 것의 반복이 아니라 차이로서의 반복이라고 정의될 수 있다. 위의 인용문에서처럼 어둠이 주는 불안과 공포를 극복하기 위한 수단으로 우리는 노래를 부르거나 혼잣말로 주문을 외거나 했던 경험을 해본 적이 있을 것이다. 이처럼 반복함으로써 나름의 통일성과 질서를 수립하는 방식을 리토르넬로라고 할 수 있다.

7. 제리코의 성벽 이야기는 원래 성경에 나온다. 내용을 간추리면, 모세의 지도 아래

이집트에서 탈출한 이스라엘인들은 여호와가 약속한 땅 가나안을 향해 40년간 광야에서 유랑을 하게 된다. 도중에 모세가 죽고 여호수아가 지도자가 되어 마침내 그곳에 도착했지만 그 바로 앞에 제리코의 성벽이 막고 있었다. 그 때 여호와가 보낸 군대의 장군이 여호수아에게 이르기를 "저 성벽을 뚫으려면 6일간 한 번씩 성벽을 돌고, 7일째가 되는 날에는 일곱 번을 돌고나서 제사장이 나팔을 불면 고함을 치라 그러면 성벽이 열릴 것"이라고 이른다. 여호수아가 여호와의 말을 백성들에게 전하자, 전쟁도 하지 않고 어찌 저 두터운 성벽을 열 수 있겠냐며 열띤 논쟁이 벌어진다. 그러나 여호와의 말에 순종하기로 결심하고 그대로 행하니 정말로 제리코 성벽이 열리게 된다. (여호수아 6:5~21)

4장 시와 금융

1. 코드화는 환경에 일정한 반복성이나 규칙을 부여하는 것을 말한다. 덧코드화는 이미 코드화된 것들의 집단 위에 다시 일정한 반복성, 규칙 등을 덧씌워 부과하는 것이다.

2. 한글 번역본 펠릭스 가타리, 『카오스모제』(동문선, 윤수종 옮김, 2003)에는 접힘 (folding)이 '전개'라고 잘못 번역되었으니 유의해야 할 것이다. 그러나 라이프니츠에 대한 들뢰즈의 독창적 독해에 따르면 접힘은 다시 접히기 위해서 반드시 펼침을 수반하므로 이러한 번역상의 실수가 해석에는 큰 문제가 되지 않을 수도 있다. 물론 역자가 그것을 감안하고 오역을 했을 리 만무하겠지만 말이다. 들뢰즈에 따르면 모든 것은 접히고 펼쳐지고 다시 접힌다. 달리 말하면 다시 접기 위해서는 펼쳐야 한다. 주름의 의미는 분리되어 있는 두 존재를 엮어주는 것이며, 두 요소들이 서로 얽히면서 변형되고, 생성하는 반응을 제공하는 것이다. 그것은 내/외부의 상호작용이 일어나며 끝없이 변형과 생성이 가능한 위상적 공간이기도 하다.

3. 오토포이에시스는 그리스 어원을 따져 분석하면 self+creation으로 자기 창출 혹은 자기 생산의 의미가 되며, 구조, 기능 간의 근본적인 변증법을 표현한다. 칠레의 생물학자 프란시스코 바렐라와 움베르또 마뚜라나에 의해 1972년 그 용어가 도입되었다. 애초에는 살아있는 시스템의 본성을 설명하고 정의하기 위한 시스템 설명으로 제시되었다. 오토포이에시스적 시스템의 범례는 생물 세포이다. 그것은 핵산과 단백질 같은 다양한 생화학 요소들로 구성되어 있으며, 세포 핵, 다양한 세포기관, 세포막, 세포골격 같은 구획된 구조들로 조직화된다. 분자들과 에너지의 외부적 흐름에 기반 하는 이러한 구조들은 요소들을 생산하는데, 순서를 바꾸어 이 요소들이 자신을 야기하는 구획된 조직화된 구조들을 계속해서 유지해간다. 자신의 시

스템[구조]을 유지하기 위해 자신의 요소를 사용하며, 이 요소들은 시스템에 의해 생산되는 방식을 오토포이에시스라고 한다. 니클라스 루만이 이것을 사회시스템에 도입하여 개진하였다. 루만은 인간과 사회를 2개의 자율적 오토포이에틱 시스템의 구조적 커플링의 관계로서 받아들였으며 근대적 주체를 전제로 한 전통적 인간론과 결별을 의도함과 동시에 중심이 없는 현대 사회의 복잡성을 파악하기 위한 이론으로서 구상되어 있다.

Agamben, Giorgio. 2006. *Language and Death : The Place of Negativity.* Trans. Karen Pinkus and Michael Hardt. Minneapolis : University of Minnesota Press.

Baudrillard, Jean. 1975. *The Mirror of Production.* Trans. Mark Poster. New York : The Telos Press, Ltd. [장 보드리야르, 『생산의 거울』, 배영달 옮김, 백의, 1994]

_____, 1993. *Symbolic Exchange and Death.* Trans. Iain Hamilton Grant. London : Sage Publications.

_____, 1996. "Global Debt and Parallel Universe." Trans. Francois Debrix. www.cthe ory.net/articles.aspx ?id= 164.

Benasayag, Miguel and Gerard Schmidt. 2003. *Les passions tristes : Souffrance psychique et crise sociale.* Trans. Line Kozlowski. Paris : Editions la Decouverte.

Benda, Julien. 1993. *Discours a la nation europeenne.* Paris : Galimard.

Campagna, Federico. 2011. "Recurring Dreams-The Red Heart of Fascism." *Through Europe,* http://th-rough.eu/writ-ers/campagna-eng/recurring-dreams-red-heart -fascism

Deleuze, Gilles and Felix Guattari. 1977. *Anti-Oedipus : Capitalism and Schizophrenia.* Trans. Robert Hurley, Mark Seem and Helen R. Lane. New York : Viking Press. [질 들뢰즈·펠릭스 가타리, 『앙띠 오이디푸스』, 최명관 옮김, 민음사, 2000]

_____, 1987. *A Thousand Plateaus : Capitalism and Schizophrenia.* Trans. Brian Massumi. Minneapolis : University of Minnesota Press. [질 들뢰즈·펠릭스 가타리, 『천 개의 고원』, 김재인 옮김, 새물결, 2001]

_____, 1994. *What Is Philosophy,* Trans. Hugh Tomlinson and Graham Burchell. New York : Columbia University Press. [질 들뢰즈·펠릭스 가타리, 『철학이란 무엇인가』, 이정임·윤정임 옮김, 현대미학사, 1995]

Deleuze, Gilles and Leopold von Sacher-Masoch. 1989. *Masochism : Coldness and Cruelty dr Venus in Furs.* Trans. Jean McNeil. New York : Zone Books. [질 들뢰즈, 『매저키즘』, 이강훈 옮김, 인간사랑, 2007]

Derrida, Jacques. 1980. *Writing and Difference.* Trans. Alan Bass. Chicago : University of Chicago Press. [자크 데리다, 『글쓰기와 차이』, 남수인 옮김, 동문선, 2001]

Flaubert, Gustave. 1990. *Preface a la vie d'ecrivain*. Ed. Genevieve Bolleme. Paris : Editions du Seuil.

Foucault, Michel. 2008. *The Birth of Biopolitics : Lectures at the College de France, 1978-1979*. Ed. Michel Senellart. Trans. Graham Burchell. New York : Palgrave Macmillan. [미셸 푸코, 『생명관리정치의 탄생』, 오트르망(심세광·전혜리·조성은) 옮김, 난장, 2012]

Foucault, Michel. 2011. *The Courage of Truth (The Government of Self and Others II) : Lectures at the College de France, 1983-1984*. Ed. Frederic Gros. Trans. Graham Burchell. New York : Palgrave Macmillan.

Glucksmann, Andre. 1981. *Cynisme et passion*. Paris : Grasset.

Goldsen, Rose Kohn. 1977. *The Show and Tell Machine : How Television Works and Works You Over*. New York : The Dial Press.

Goodman, Steve. 2010. *Sonic Warfare : Sound, Affect, and the Ecology of Fear*. Cambridge : The MIT Press.

Graeber, David. 2011. *Debt : The First 5,000 Years*. New York : Melville House. [데이비드 그레이버, 『부채, 그 첫 5,000년』, 정명진 옮김, 부글북스, 2011]

Greimas, Algirdas Julien. 1970. *Du sens : Essais semiotiques, tome 1*. Paris : Editions du Seuil.

Guattari, Félix. 1995. *Chaosmosis : An Ethico-Aesthetic Paradigm*. Trans. P. Bains and J. Pefanis. Bloomington : Indiana University Press. [펠릭스 가타리, 『카오스모제』, 윤수종 옮김, 동문선, 2003]

_____, 2011. *The Machinic Unconscious : Essays in Schizoanalysis*. Trans. Taylor Adkins. Los Angeles : Semiotext(e). [펠릭스 가타리, 『기계적 무의식』, 윤수종 옮김, 푸른숲, 2003]

Jankélévitch, Vladimir. 1964. *L'ironie*. Paris : Flammarion.

Kaplan, Frédéric. 2011. "Quand les mots valent de l'or." *Le Monde diplomatique* November 2011 : 28.

Kroker, Arthur and Michael A. Weinstein. 1994. *Data Trash : The Theory of the Virtual Class*. New York : St. Martin's Press.

Lazzarato, Maurizio. 2012. *The Making of the Indebted Man*. Trans. Joshua David Jordan. Los Angeles : Semiotext(e). [마우리치오 라자라토, 『부채인간』, 허경·양진

성 옮김, 메디치코리아, 2012]

Marinetti, Filippo Tommaso. 2006. *Critical Writings, new edition,* Ed. Günter Berghaus. Trans. Doug Thompson. New York : Farrar, Straus and Giroux.

Meadows, Donella H., Dennis L. Meadows, Jorgen Randers, and William W. Behrens III. 1972. *The Limits to Growth.* New York : Universe Books. [도넬라 H. 메도즈·데니스 L.메도즈·요르겐 랜더스 지음, 『성장의 한계』, 김병순 옮김, 갈라파고스, 2012]

Muraro, Luisa. 1994. *L'ordine simbolico della madre.* Rome : Editori Riuniti.

Recalcati, Massimo. 2010. *L'uomo senza inconscio : Figure della nuova clinica psicoanalitica.* Milan : Cortina Raffaello.

Sardello, Robert J. and Randolph Severson. 1983. *Money and the Soul of the World.* Dallas : The Pegasus Foundation.

Seabrook, John. 1994. "E-mail to Bill." *The New Yorker* 69 (45) : 52.

Shell, Marc. 1982. *Money, Language, and Thought : Literary and Philosophical Economies from the Medieval to the Modern Era.* Berkeley : The University of California Press.

Sloterdijk, Peter. 1988. *Critique of Cynical Reason.* Trans. Michael Eldred. Minneapolis : University of Minnesota Press. [페터 슬로터다이크, 『냉소적 이성 비판 1』, 이진우·박미애 옮김, 에코리브르, 2005]

Spinrad, Norman. 1969. *Bug Jack Barren.* New York : Walker & Company.

Wiener, Norbert. 1961. *Cybernetics, or the Control and Communication in the Animal and the Machine, 2nd edition.* Cambridge : The MIT Press.

Wittgenstein, Ludwig. 1922. *Tractatus Logico-Philosophicus.* Trans. C. K. Ogden. London : Routledge and Kegan Paul. [루트비히 비트겐슈타인, 『논리-철학 논고』, 이영철 옮김, 책세상, 2006]

후기라는 것을 처음 써본다. 그동안 번역했거나 쓴 글들은 모두 공역이거나 공저였으니 후기를 쓸 기회가 없었다. 내 생각에 후기를 쓸 때 즈음이면, 번역 작업이 마무리 될 시점이니 가벼운 마음으로 코 풀 듯이 쓸 수 있을 것이라 생각되었지만, 옮긴이 후기라는 타이틀만 써놓고 하루가 흘러버렸다. 저자도 아니고 옮긴이의 후기라는 것을 과연 읽어줄 사람이 있을까? 그냥 대충 원고 매수만 채워보자하고 써내려갔다가 후기를 읽는 괴이한 독자도 혹시 있을까 싶어 두려운 마음에 다시 백스페이스 키 위로 손이 올라간다. 고민 끝에 옮긴이 후기라는 지면을 빌려 번역 작업에 대한 나의 생각과 나 자신과 사회에 대한 반성문을 쓰기로 했다.

대학원에서 공부를 하면서 생긴 버릇 중 하나는 원서와 역서를 동시에 펼쳐 놓고 대조하는 일이었다. 그러면서 오역을 찾아내는 것에서 커다란 즐거움을 느끼곤 했다. 오역은 어디서나 발견되었다. 학계에서 내공을 인정받은 옮긴이라 하더라도 마찬가지였다. 빈도의 차이였을 뿐, 오역을 발견하는 일은 윈도우의 지뢰 찾기만큼이나 쉬운 일이었다. 내가 번역을 하게 된다면 무조건 저것보다는 잘 할 수 있을 텐데. 공부를 하면 할수록 근거 없는 자신감만 커져갈 뿐이었다.

제도권 바깥의 대안 연구기관들을 기웃거리며 품을 팔다가, 〈다중지성의 정원〉에 계시는 조정환 선생님과 인연이 닿았다. 그리고 번역 한 번 맡겨달라고 부탁을 드렸다. 그래서 맡게 된 책이 바로 프랑코 베라르디의 『봉기』이다.

한 권의 책이 번역되어 나와 있기는 했지만 저자의 이름은 생소했다. 물론 생소하다는 것이 큰 문제가 될 것은 없었다. 오히려 마이너리티 지향이라는 내 소신에 비추어 볼 때 기대감마저 갖게 되었다. 밑져야 본전이라는 생각에 이내 안도감이 찾아왔다. 책의 내용을 잠시 들추어 보니 그렇게 난문도 아니어서 작업을 하기도 전에 절반은 완성된 느낌이 들었다.

올 여름은 유난히 덥고 습했다. 분량으로 보나 내용으로 보나 쉽게 처리할 수 있을 것만 같았던 번역 작업이 생각보다 더디게 진행이 되었다. 유난히 체력이 약했던 탓이었을까. 내용은 너무도 쉽게 이해가 되었지만, 우리말로 옮기는 작업은 별개의 문제였다. 약속된 마감 기한이 다가올수록 착잡했다. 도무지 옮겨 놓은 글이 마음에 들지 않았다. 그렇게 혐오하던 딱딱한 번역 투의 문장들을 나도 모르게 흉내를 내고 있었다. 이것이 저자가 말하는 자동기제automatism 효과일지도 모르겠다. 톡톡 튀며 발랄한 내용의 원문들이 무겁고 습한 문장들로 생기 없이 옮겨지고 있었다. 장맛비에 눅눅해진 빨랫감의 냄새를 맡아보았는가? 겉으로는 깨끗해 보여도 냄새 때문에 도저히 입고 나갈 용기를 낼 수는 없으리라. (번역상의 문제를 올 여름의 날씨 탓으로 돌리려는 생각은 추호도 없다. 그저 은유적 표현으로 보아주시길.) 『봉기』라는 제목이 갖는 상승의 느낌을 살려야 하는데, 나는 단순히 글자 수에 맞게 옮겨 적느라 급급했다. 오역보다 문체와 감수성의 문제가 심각했다.

원문과 공감할 수 있는 감수성이 부족했던 것 같다. 아니면 원문의 중심 취지를 놓친 채, 사소한 부분에 공감하고 취해버렸는지도 모르겠다. 연대를 강조하는 저자와 추상화의 늪에 빠진 역자의 괴리 때문에 편집부에 넘긴 첫 번째 번역문은 엉망이었다. 문장의 의미는 단순히 단어들의 의미의 총합이 아니었다. 죽어버린 문장을 되살리기 위해서는 외과적 수술 수준의 엄밀한 분석 외에도 문장에 대한 애정이 절대적으로 필요했다. 다가오지 않으면 다가가 안을 수 있는 '붙임성'이 옮긴이에게 필요한 중요한 미덕이었던 것이다. 다가와 주지 않으면 내 멋대로 해버리겠다는 오만한 자세가 화근이었다. 얼기설기 모양만 그럴듯하게 갖추어 놓으면 그것이 제 발로 걸어 다닐 것이라 상상하는 돌팔이 로봇 엔지니어의 경우가 이러했을까.

그래도 다행인 것은 많은 분들이 프리뷰어로 참여해서 꼼꼼히 지적해주신 덕분에 처음보다 많이 나아지기는 했다. 창작물이든 번역물이든 한 권의 책이 세상 밖으로 나오기 위해서는 참으로 많은 사람들이 고생을 하고 있다는 사실을 새삼 깨닫게 되었다. 이번 기회에 그 사실을 머리뿐만이 아니라 몸으로도 깨닫게 되었다. 이 책을 번역하면서 얻은 커다란 수확이다.

비포의 이 책은 결코 남의 이야기가 아니다. 나의 이야기이고, 당신의 이야기이고, 우리 모두의 이야기이다. 부동산 광풍의 후유증으로 고생하는 하우스 푸어들, 도서관보다는 편의점 카운터에서 육체적·정신적 노동에 시달리는 것이 익숙한 대학생들, 아이들의 사교육비를 위해 가정보다는 업소를 지켜야 하는 아줌마들, 그리고 이렇게 불합리한 세상을 뻔히 보고 있으면서도 그 문제를 지적하는 사람들을 냉소하는 사람들, 10,000,000 대 1의 경쟁을 찬미하는 각종 오디션 프로에 중독된 우리들의 이야기다.

현재 우리의 사회는 자기 한 몸 가누기도 어려워 결혼을 포기하고, 아이 낳는 것을 포기하고, 직장을 구할 생각조차 포기해버린 불임과 절망의 사회다. 인터넷과 TV는 하루에도 수백 번씩 의료 자본과 금융 권력을 위한 암과 사채를 광고한다. 태어나기도 힘들지만 태어나서도 암에 걸리지 않고 죽는 것이 어느새 삶의 지상 목표가 되어버린 듯하다. 육체적이고 관능적 즐거움은 어디서도 찾아볼 길이 없고, 온라인에서 짤막한 대화를 나누는 것이 인간관계의 본질이 되어버렸다. 저자의 표현대로라면 이것이 '쿨'cool하다는 말의 의미다. 얼굴을 보지 않았더라면 실망도 하지 않았을 실재적 만남의 어색함과 후줄근함을 버리고 우리는 차라리 가상적 관계에 몰두 했다. 그래서 욕망 충족이 무한히 지연된 조울증 사회가 되었다.

지하철이나 버스에서 자리에 앉은 어느 누구도 학생의 가방을 대신 들어주지 않으며, 각자 고단한 삶의 무게를 견디기 힘들어 좌석 쟁탈전을 벌인다. 노약자석에 앉은 젊은이의 뻔뻔함이 시비가 되어 고성을 지르고 폭력이 오간다. 누구도 그 싸움을 말리지 않는다. 다만 스마트폰을 꺼내들어 촬영을 할 뿐이다. 이것이 "쿨" 한 것이며, 어쨌든 나는 그 싸움과 상관이 없고 싸움에 돌입한 양자가 문제이니까 말이다. 깔끔하게 한발 짝 물러서 그 광경을 촬영하고는 스마트폰의 전능한 기능에 힘입어 조회 수 많은 사이트에 업로드하고는 열심히 양자를 헐뜯기만 하면 되는 것이다. 고된 삶은 이제 연령, 성별을 가리지 않는다. 초등학생이 되기 전부터 잘 나가는 연예인 못지않게 스케줄이 꽉 차있다. 그러니 모두가 고되고 힘들다. 그래서 자리를 양보할 여유가 없다. 잘한 것에 대한 칭찬보다는 못한 것에 대한 비난에 지친 영혼들은 자신들의 억울함을 방출할 출구가 필요하던 차였다. 그리고 마녀사냥이 시작된다. 우리의 형제, 자매, 부모들에게 혐의를 씌워서 말이다. 얄팍한 상업 언론들이 준동하며 온통 '~녀', '~남' 천지다.

서로의 지친 마음을 감싸주어야 할 때다. 병원에 있는 환우들끼리는 그렇게 한다. 각자의 쾌유를 바라고, 서로의 병에 대한 지식을 공유한다. 생사라는 절박한 문제에 직면하게 되면 누구나 그렇게 된다. 연대가 가능해지는 상황은 절박한 상황에서다. 그런데 육체적 질병뿐만 아니라 심리적·정서적 질병의 경우도 마찬가지다. 사회 전체가 거대한 병원이며 우리는 심각한 인지적 질병에 걸려있다. 저자가 강조하는 연대의 가능성은 바로 이러한 현실을 직시하는 데서 시작해야 할 것이다.

저자는 문학과 경제라는 이질적 분야에서 기이한 유사성을 보았다. 바로 규칙으로부터의 탈주다. 상징주의 시 문학에서 기호가 지시대상과의 연을 끊고 재현이라는 습속에서 새로운 실천을 위한 공간으로 탈주하는 것, 금융 자본주의에서 가치가 물질적 대상과의 관계를 끊고 단순한 숫자놀음이 되어버린 기이한 유비 말이다. 주식에 대해 문외한인 시골 농민들도 주가가 큰 폭으로 떨어졌다면 한 숨을 쉰다. 그러나 이러한 유사성에도 불구하고 문학에서의 탈주와 경제학에서의 탈주는 커다란 차이를 보인다. 두 가지 모두 변이하는 운동이지만 전자는 99%의 주민을 위한 운동이고 후자는 1%의 주민을 위한 운동이기 때문이다.

2011년 9월 17일 『애드버스트』에 실린 문구를 보고 1,000여명의 시위 참여자들이 월스트리트에 모여들었다. 그들이 제기한 문제의식은 과연 무엇이었는가? 수익이 민영화된 반면, 손실은 사회화되었다는 점이다. 1970년대 케인즈 정책의 실패에 대한 대안으로 국가의 규제 완화와 시장에서의 자유경쟁을 표방하며 1980년대 출범한 신자유주의는 호황의 순간에는 얼핏 자본가와 노동자 모두에게 득이 되는 것처럼 보였지만 자본의 운동에 내재하는 위기(불황)의 순간에는 언제나 노동자들의 희생을 요구했다. 신자유주의는 닷컴 경제와 부동산 경기호황이라는 호재를 통해 순항하는 듯 보였지만 실상은 거대한 빚더미 위에 쌓아올린 사상누각이었음이 드러났다.

이처럼 금융위기의 직접적 원인은 금융자본이 설립한 거대한 채무의 네트워크이며, 전지구화라는 맥락에서 국가 재정위기의 결정적 요인은 주로 해외자본의 급속한 이탈이다. 따라서 임금과 복지의 삭감으로 위기를 해소하겠다는 주장은 국민과의 약속이자 국민에 대한 의무를 저버리겠다는 파렴치한 행위이며, 결코 위기에 대한 해법일 수 없다. 미국 최고의 부자인 빌 게이츠와 워렌 버핏조차 부자 증세를 요구했다고 한다. 물론 소득 재분배가 고통을 완화하는 효과는 가져다 줄 수 있을 것이다. 그렇다고 그것이 근본적 해결책이 될 것이라고 보지는 않는다.

어느 면에서 디지털 과학기술은 이러한 금융위기의 가속화와 해방의 가능성을 동시에 열어준 것으로 보인다. 이것을 잘 활용한다면 전지구적 붕괴의 시나리오에서 탈출할 수도 있을 것이다. 그 가능성의 전제는 연대이고 연대를 활성화시키기 위해서 금융자본에 저항하는 사회운동들을 이해할 수 있는 감수성과 공감이 필요하다. 소셜 네트워크와 같은 가상적 공간에서의 만남도 나름대로 유용하다. 운동들을 촉발시켰던 계기이기도 했다. 그러나 그것만으로는 부족하다. 감수성은 오직 신체적·물리적 접촉을 통해서만 재활성화 될 수 있기 때문이다. 머리에 꽃을 꽂고, 맨발로 땅을 딛고, 손을 잡고서 새로운 사회가 오게 해달라고 주문[시·노래]을 외워야 한다. 새로운 사회가 오기를 기다려 그 때 노래를 부르는 것이 아니라, 함께 모여 노래를 부를 수 있다면 그 때 새로운 사회가 올 것이다.

마지막으로 고마움을 전하고 싶은 분들이 있다. 좋은 기회를 주신 조정환 선생님, 함께 수고해 주신 갈무리 편집부의 두 분(오정민, 김정연 님), 꼼꼼하게 프리뷰 해준 서창현 선생님, 변변치 못한 아들을 위해 노령에도 불구하고 일을 놓지 못하시는 부모님, 나와 같이 살면서 무한한 인내심으로 말없이 독려했던 한상미에게 고맙다는 말을 전하고 싶다.

2012년 12월
유충현

1948년 이탈리아 볼로냐에서 태어났다.

1962년 14세에 이탈리아 공산당 청년 연맹의 일원이 되었으나 정파 투쟁 과정에서 제명되었다.

1963년 사회당이 기독교민주당과 동맹하여 첫 중도좌파 연합정부가 들어섰다.

1968년 볼로냐 대학에서 68혁명의 사건들에 참여했으며, 미학으로 학위를 따서 졸업했다. 이 무렵 의회 밖의 〈노동자의 힘〉 그룹에 가입했다.

1968~9년 프랑스에서 시작된 혁명이 잦아든 후 1969년에 이탈리아에서 뜨거운 가을이 시작되었다.

1970년『노동에 저항하라』(*Contro il lavoro*)를 출간하였다.

1973년 봄 토리노의 피아뜨 공장에서 일주일 동안 공장점거 투쟁이 벌어졌다.

1974년 9월 엔리코 베를린게르가 역사적 타협 전략을 선언하였다.

1974년 가을 전기요금의 자율인하를 위한 투쟁이 발발하고 로마의 산 바질리오 구에서 공장점거 운동이 전개되었다.

1975년 잡지『아/뜨라뻬르소』를 창간하여 1981년 절정기까지 잡지를 만들었다.

1975~7년 아우또노미아에 근거한 사회, 정치, 문화 운동이 전개되었다. 대도시들에서 청년 프롤레타리아 운동이 출현하였다.

1976년에서 78년까지 이탈리아 최초의 자유 해적 라디오 방송국인 〈라디오 알리체〉(Radio Alice)의 간부의 일원이 되었다. 1970년대 아우또노미아 정치 운동에 관계된 다른 사람들처럼 파리로 피신하여 그곳에서 분열분석 분야에서 가따리와 함께 일했다.

1978년 3월 16일 기독민주당의 핵심인 알도 모로 수상 납치되었다. 이 날은 공산당과 기독민주당의 지지를 동시에 받는 정부가 출범하는 날이었다. 경호원 5명이 죽었고 나중에 기독민주당과 이탈리아 공산당 정문 사이로 난 길 중간에 있는 차에서 모로의 시체가 발견되었다.

1969~81년은 이탈리아 좌우익 무장 단체들이 정부와 극렬히 대치했던 시기로, 일명 '총탄의 세월'(Anni di Piombo)로 불리기도 한다. 이 기간 동안에 베라르디는 투옥, 미국과 프랑스로의 자진 망명, 그의 고향인 볼로냐에서의 체류를 번갈아 겪었다.

1980년대에는『세미오텍스트』(*Semiotexte*, 뉴욕),『키메라』(*Chimerees*, 파리),『메뜨로뽈리』(*Metropoli*, 로마), 『뮤지카 80』(*Musica* 80, 밀라노) 등 여러 잡지에 기고했다.

1990년대에는 『변동과 사이버펑크』(1993), 『사이버네틱스』(1994), 『펠릭스』(2001) 등을 출간했다.

2012년 『노동하는 영혼』(*The Soul at Work*) 한국어판을 출간하였다.

최근에는 잡지 『데리베 아쁘로디』(*Derive Approdi*)에서 활동하며, 밀라노의 예술학부에서 소통의 사회사를 가르치고 있다. 웹진 rekombinant.org와 텔레스트릿(telestreet) 운동의 공동 창립자이며, 채널 〈오르페오 TV〉를 세웠다.

이탈리아어본

(con Carlo Formenti), *L'eclissi. Dialogo precario sulla crisi della civilta capitalistica*,
 Manni Editori, 2011

Nel 2010 ha collaborato al volume collettivo *Europa 2.0 Prospettive ed evoluzioni del
 sogno europeo*, edito da ombre corte, a cura di Nicola Vallinoto e Simone
 Vannuccini con un saggio intitolato *Un'utopia senile per l'Europa.*

Skizomedia. Trent'anni di mediattivismo. Untranslated: *Schizomedia: Thirty Years of
 Media Activism.* Rome: Derive Approdi, 2006.

Da Bologna (serie A) a Bologna (serie B). 2005.

*Il sapiente, il mercante, il guerriero: dal rifiuto del lavoro all'emergere del
 cognitariato.* Untranslated: *The Warrior, The Merchant, and the Sage: the
 Emergence of the Cognitariat Refusal of Work.* Rome: DeriveApprodi, 2004.

With Jacquement e Vitali and Baldini Castoldi Dalai. *Telestreet. Macchina immaginativa
 non omologata.* Untranslated: *Telestreet: Machine Imagination Not Approved.*
 2003.

Alice è il diavolo. Storia di una radio sovversiva. Untranslated: *Alice is the Devil:
 Story of a Subversive Radio.* Shake, 2002.

Un'estate all'inferno. Untranslated: *Summer in Hell.* Ed. Luca Sossella. 2002.

(curatore, con Veronica Bridi), *1977, l'anno in cui il futuro incominciò.* Fandango
 Libri, 2002.

*Felix. Narrazione del mio incontro con il pensiero di Guattari, cartografia visionaria
 del tempo che viene.* 2001.

La fabbrica dell'infelicita'. New economy e movimento del cognitariato. Untranslated:
 *The Factory of Unhappiness: New Economy and Movement of the
 Cognitariat.* Rome: DeriveApprodi, 2001.

La nefasta utopia di Potere Operaio. Untranslated: *The Ominous Power of Workers'
 Utopia.* Castelvecchi, 1997.

Exit, il nostro contributo all'estinzione della civilta. Untranslated: *Exit - Our*

Contribution to the Extinction of Civilization. Costa & Nolan, 1997

Dell'innocenza. 1977: l'anno della premonizione. Verona, Ombre Corte, 1997.

Cibernauti. Untranslated: *Cybernauts.* Castelvecchi, 1995.

Neuromagma. Lavoro cognitivo e infoproduzione. Castelvecchi, 1995

Lavoro zero. Castelvecchi, 1994.

Come si cura il nazi, Neuromagma. Untranslated: *How is the Nazi, Neuromagma.* 1994.

con Franco Bolelli ; Matteo Guarnaccia ; Francesco Morace ; Andrea Zingoni ; Daniele Bolelli ; Tiziana Corbella. *Mitologie Felici.* Milano, Mudima, 1994

Mutazione e cyberpunk. Untranslated: *Mutation and Cyberpunk.* 1993.

Come si cura il nazi. Castelvecchi, 1993

Cancel & Più cyber che punk. Milano-Bologna, Synergon, 1992.

(curatore) *Hip Hop rap graph gangs sullo sfondo di Los Angeles che brucia.* Milano-Bologna, Synergon, 1992.

con Franco Bolelli, *60/90 dalla psichedelia alla telepatica.* Milano-Bologna, Synergon, 1992.

Politiche della mutazione. Milano-Bologna, Synergon, 1991.

con Marco Jacquemet ; Robert Wright ; Jaron Lanier ; Felix Guattari ; Valmerz, *Più cyber che punk.* Bologna, A/traverso, 1990.

con Francesca Alfano Miglietti ; Franco Bolelli ; Valentina Agostinis ; Matteo Guarnaccia ; Cesare Monti ; Andrea Zanobetti. *Una poetica Ariosa.* Milano, ProgettoArio, 1990.

La pantera e il rizoma. Bologna, A/traverso, 1990.

Terzo dopo guerra. Bologna, A/traverso, 1989.

(con Franco Bolelli) *Presagi. L'arte e l'immaginazione visionaria negli anni ottanta.* Bologna, Agalev, 1988.

Dell'innocenza: interpretazione del '77. Bologna, Agalev, 1987.

Infovirus. Untranslated. *Topia.* 1985.

Enfin le ciel est tombè sur la terre. Untranslated: *Finally the Sky Fell to the Earth.* Seuil, 1978.

La barca dell'amore s'è spezzata. Milano, SugarCo, 1978

Finalmente il cielo è caduto sulla terra. Milano, Squi/libri, 1978.

(con Pierre Rival, Alain Guillerme), *L'ideologia francese: contro i "nouveaux philosophes"*. Milano, Squi/libri, 1977.

Chi ha ucciso Majakovskij. Milano, Squi/libri, 1977.

(curatore). *Primavera '77. Roma*, Stampa Alternativa, 1977.

eoria del valore e rimozione del soggetto: critica dei fondamenti teorici del riformismo. Verona, Bertani, 1977

Scrittura e movimento. Marsilio, 1974.

Contro il lavoro. Untranslated: *Against Work*. Milano: Feltrinelli, 1970.

영어본

Skizo-mails, Errant Bodies Press. 2012.

Touched, Liverpool Biennial of Contemporary Art, 2011.

Ed. Gary Genosko and Nicholas Thoburn. *After the Future*. AK Press. Forthcoming July 2011.

The Soul at Work: From Alienation to Autonomy. Trans. Francesca Cadel and Giuseppina Mecchia, with preface by Jason E. Smith. Los Angeles, CA: Semiotexte, 2009.

With Marco Jacquement and Gianfranco Vitali. *Ethereal Shadows: Communications and Power in Contemporary Italy*. London: Autonomedia, 2009.

Precarious Rhapsody. Semio-capitalism and the Pathologies of the Post-Alpha Generation. London: Autonomedia, 2009.

Félix Guattari. Thought, Friendship, and Visionary Cartography. London: Palgrave, 2008.

:: 인명 찾아보기

:: 용어 찾아보기

:: 본문 내에 사용된 이미지의 출처

1장 표지 : http://www.flickr.com/photos/-drew-/6246866195/

2장 표지 : http://www.flickr.com/photos/drtongs/6234928908/

3장 표지 : http://www.flickr.com/photos/barteverts/6235303825/

4장 표지 : http://www.flickr.com/photos/-drew-/6247381266/